JN037104

いわせあさこ
鯉渕直子
ミムラトモミ

ちいさなお直し

Ⓘ 池田書店

クローゼットに眠っている、
お気に入りの洋服はありませんか?

すれて薄くなっていたり、ひっかけて穴があいていたり、
シミがついていたり、袖口が伸びていたり……。

なんでも気軽に買える時代ですが、
そのアイテムと一緒に過ごした思い出や
それを身にまとったときの着心地の良さは
簡単に代わりのきくものではありません。

本書では、そんなアイテムを長く大切に使うための
お直しの方法をご紹介します。

アイテムにはさみを入れるような、大がかりなお直しではなく
手先に自信がない人でも気軽にできる、簡単なものを集めました。

ぜひ「ちいさなお直し」で
お気に入りをよみがえらせてみてください。

お直しに正解はありません。
少し不格好なのがかわいかったり
着ているうちにもっと手を加えたくなったり
新しくシミができたり、やぶけたりすることもあるかもしれません。

そうして何度も直しながら、長く大切にすることで
お気に入りがより愛おしいものになることでしょう。

ちいさなお直しが、暮らしにちいさないろどりをそえることを願って――。

もくじ

ちいさなお直しを
はじめましょう

虫食いの穴、食べこぼしのシミ、引っかけてしまったほつれ、やぶれ……。
着られなくなってしまったお気に入りのアイテムを、ちいさなお直しでよみがえらせることができます。

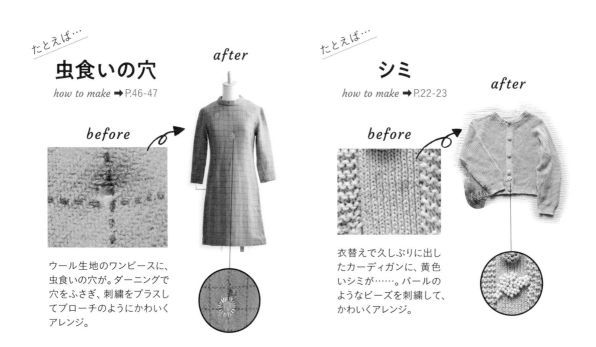

たとえば…
虫食いの穴
how to make ➡ P.46-47

after

before

ウール生地のワンピースに、虫食いの穴が。ダーニングで穴をふさぎ、刺繍をプラスしてブローチのようにかわいくアレンジ。

たとえば…
シミ
how to make ➡ P.22-23

after

before

衣替えで久しぶりに出したカーディガンに、黄色いシミが……。パールのようなビーズを刺繍して、かわいくアレンジ。

たとえば…
やぶれ
how to make ➡ P.14-15

after

before

背中の切り返し部分がビリッ。同系色の糸を使って、お直し部分が目立たない、自然な仕上がりに。

─── リメイクにも ───

穴やシミのないアイテムでも、お直しすることはできます！
たとえば、誰かとかぶりやすいプチプラアイテムに手を加えることで、自分だけの特別なアイテムに生まれ変わります。

お直しの方法

❖ ダーニング ❖

「かけはぎ」という技術で、布地にできた穴に糸を織り込んで直す方法です。日本にも古くから伝わる技術ですが、本書ではヨーロッパで伝統的に行われている「ダーニング」を元にした直し方を紹介しています。

┌ モザイクダーニング ┐

ダーニングを密にほどこし、ステンドグラスのガラスモザイクのように仕上げます。

┌ ニードルフェルト ┐

羊毛フェルトを専用のニードルでサクサクと刺し、穴や薄くなったところを隠します。

❖ 刺繍 ❖

一般的な刺繍で、シミや汚れを隠したり、補強することができます。ダーニングのように大きな穴はふさげませんが、小さな穴であればふさぐことも。刺繍をプラスすれば、新しいアイテムに生まれ変わります。

┌ リボン刺繍 ┐

糸と同じ要領で、リボンで刺繍をします。一度に大きな面を縫うことができます。

┌ ビーズ刺繍 ┐

小さなビーズを縫いつけるだけで、アイテムの印象がガラリと変わります。

❖ アップリケ ❖

ただ当て布をするだけではなく、当て布に何かをプラスすることで、ぐっと素敵なアイテムに変わります。アイロンで貼りつけるだけで簡単にくっつく「NUNO DECO SERIES」もおすすめです。

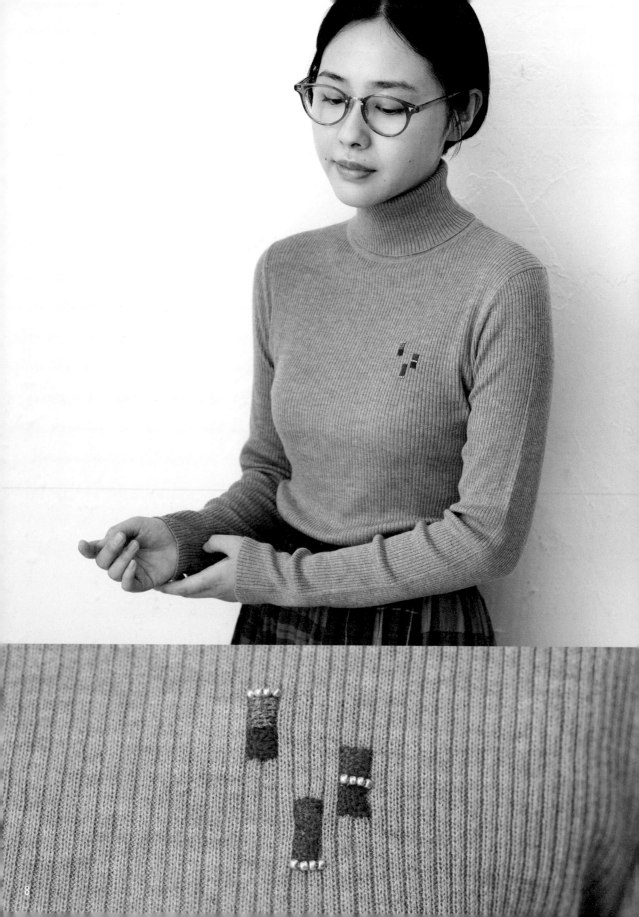

お直し方法 // **ダーニング・ビーズ刺繍**
design // いわせあさこ

お直し*memo*

ネコを抱っこしていたら、爪がニットに引っかかり、糸が少し出てしまいました。ほつれた部分にダーニングをほどこし、ほつれをカバー。アクセントにゴールドのビーズを添えて、ちょっぴり華やかな印象に。

❖ 材料 ❖

ⓐ ダーニング糸 (クロバー / レッド)
ⓑ ダーニング糸 (クロバー / ブルー)
ⓒ ダーニング糸 (クロバー / グレー)
ⓓ ビーズ (TOHO アルファー / 丸小 /No.557) ……12個

❖ 直し方 ❖

1. ほつれを隠すように、ⓐⓑⓒで四角いダーニング (フチなし) をする。

2. ⓓのビーズをアイテム、もしくはビーズと同じ色の糸でとめる (ここではⓒを使用)。

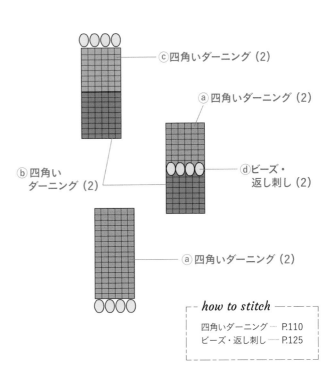

ⓒ四角いダーニング (2)

ⓐ四角いダーニング (2)

ⓑ四角い
ダーニング (2)

ⓓビーズ・
返し刺し (2)

ⓐ四角いダーニング (2)

how to stitch

四角いダーニング …… P.110
ビーズ・返し刺し …… P.125

※ ( ) 内の数字は糸の本数です。図案は実寸ではありません。刺繍するものにあわせて、拡大・縮小してお使いください。

お直し方法 // **刺繍**
design // 鯉渕直子

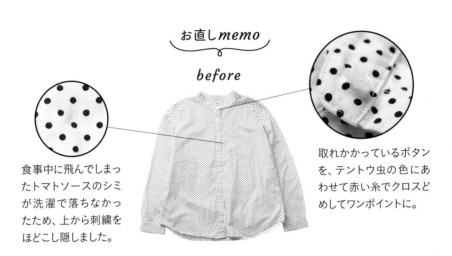

お直し*memo*

before

食事中に飛んでしまっ
たトマトソースのシミ
が洗濯で落ちなかっ
たため、上から刺繍を
ほどこし隠しました。

取れかかっているボタン
を、テントウ虫の色にあ
わせて赤い糸でクロスど
めしてワンポイントに。

❖ 材料 ❖

ⓐ 刺繍糸（DMC25番/310）
ⓑ 刺繍糸（DMC25番/817）
ⓒ 刺繍糸（DMC25番/991）
ⓓ 手縫い糸（赤）

❖ 直し方 ❖

1. お直ししたい部分にあわせて
図案を写し、刺繍をほどこす。

2. ボタンをⓓでクロスどめする。

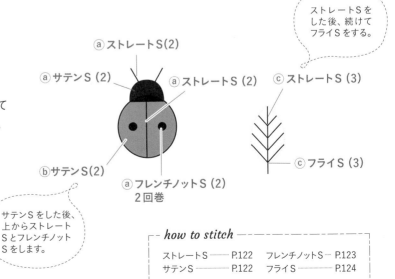

ⓐ ストレートS（2）

ⓐ サテンS（2）
ⓐ ストレートS（2）
ⓒ ストレートS（3）

ストレートSを
した後、続けて
フライSをする。

ⓑ サテンS（2）

ⓐ フレンチノットS（2）
2回巻

ⓒ フライS（3）

サテンSをした後、
上からストレート
Sとフレンチノット
Sをします。

how to stitch

ストレートS	P.122	フレンチノットS	P.123
サテンS	P.122	フライS	P.124

※Sはステッチの略、（ ）内の数字は糸の本数です。図案は実寸ではありません。刺繍するものにあわせて、拡大・縮小してお使いください。

お直し方法 // **ダーニング・刺繍**
design // いわせあさこ

お直し*memo*

胸元にいつの間にかついていた食べこぼしのシミを、ダー
ニングで隠しました。それにあわせて、アイテム全体に刺繍
をほどこし、統一感のあるデザインに。ただの白いTシャツ
が、世界にひとつしかない特別なアイテムになりました。

❖材料❖

ⓐ 刺繍糸 (DMC25番/754)   ⓓ 刺繍糸 (DMC25番/819)
ⓑ 刺繍糸 (DMC25番/761)   ⓔ 刺繍糸 (DMC25番/948)
ⓒ 刺繍糸 (DMC25番/818)   ⓕ 刺繍糸 (DMC25番/962)

❖直し方❖

1. 胸元は、ⓐ〜ⓕで四角いダーニング
（3/フチなし）と、フレンチノットS（3/
2回巻き）で四角を描くように刺す。大
小ランダムに刺繍をほどこす。

2. フリル部分は、ⓐ〜ⓕでランニングS
（3）をする。グラデーションになるよう
に配置するなど、お好みで。

3. すそは、チャコペンで大まかに下絵を
描き、ⓑⓕでコーチングS、ⓓでアウト
ラインSをした後、ⓐ〜ⓕで内側の刺
繍をする。

- *how to stitch*
  四角いダーニング ── P.110   ランニングS ── P.122
  ダーニング ── P.110   チェーンS ── P.123
  アウトラインS ── P.122   フレンチノットS ── P.123
  バックS ── P.122   コーチングS ── P.125

ⓓアウトラインS (3)
コーチングS
（置き糸ⓑ (6)
とじ糸ⓕ (3)）
ⓓバックS (3)
ⓐ〜ⓕ
フレンチノットS (3) 2回巻

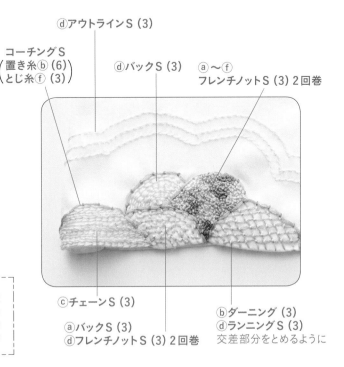

ⓒチェーンS (3)
ⓐバックS (3)
ⓓフレンチノットS (3) 2回巻
ⓑダーニング (3)
ⓓランニングS (3)
交差部分をとめるように

※Sはステッチの略、（ ）内の数字は糸の本数です。

13

お直し方法 // **ダーニング**
design // ミムラトモミ

お直し memo

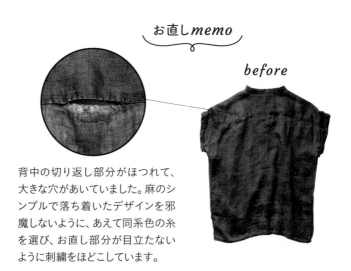

before

背中の切り返し部分がほつれて、
大きな穴があいていました。麻のシ
ンプルで落ち着いたデザインを邪
魔しないように、あえて同系色の糸
を選び、お直し部分が目立たない
ように刺繍をほどこしています。

❖ 材料 ❖

ⓐ レース糸（ダルマ糸/#80/11番）

❖ 直し方 ❖

1. ほつれた部分の布を重ね、ランニングS
   （1）で穴をとじるように縫いあわせる。

2. タテとヨコ方向に、弱った生地を補強する
   ためにランダムにランニングSをする。

1

2

ランニングS

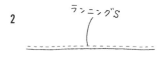

ランニングS

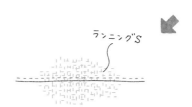

┌─ *how to stitch* ─────┐
  ランニングS ──── P.122
└──────────────────────┘

※Sはステッチの略、（　）内の数字は糸の本数です。

お直し方法 // **刺繍**
design // 鯉渕直子

お直し*memo*

うっかり書いてしまったボールペンの線を、たんぽぽの茎の刺繍で
隠しました。また、胸元にはリキッドファンデーションの小さなシミが
ついていたので、チョウと綿毛の刺繍で隠しています。小さなワンポ
イントは、シンプルなお洋服をアレンジしたいときにもおすすめです。

❖ 材料 ❖

ⓐ 刺繍糸（DMC25番/726）
ⓑ 刺繍糸（DMC25番/471）
ⓒ 刺繍糸（DMC25番/BLANC）

❖ 直し方 ❖

1. お直ししたい部分にあわせて図案を写し、
　 刺繍をほどこす。

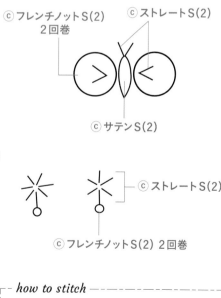

ⓒ フレンチノットS(2)
2回巻 ── ⓒ ストレートS(2)

ⓒ サテンS(2)

ⓒ ストレートS(2)

ⓒ フレンチノットS(2) 2回巻

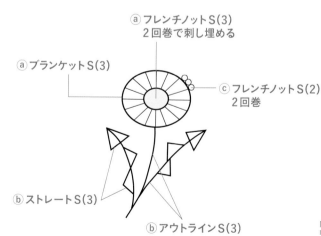

ⓐ フレンチノットS(3)
2回巻で刺し埋める

ⓐ ブランケットS(3)

ⓒ フレンチノットS(2)
2回巻

ⓑ ストレートS(3)

ⓑ アウトラインS(3)

```
how to stitch
アウトラインS ┄┄┄ P.122    フレンチノットS ┄┄ P.123
ストレートS ┄┄┄┄ P.122    ブランケットS ┄┄┄ P.123
サテンS ┄┄┄┄┄┄ P.122
```

※Sはステッチの略、（ ）内の数字は糸の本数です。図案は実寸ではありません。刺繍するものにあわせて、拡大・縮小してお使いください。

お直し方法 // 刺繍
design // 鯉渕直子

お直し*memo*

before

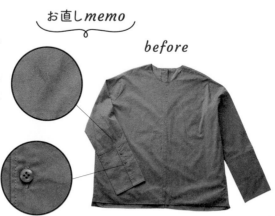

いつの間にか袖について
落ちない黒い汚れ。覆っ
て完全に隠してしまうの
ではなく、馴染むように
刺繍をほどこしました。

ボタン付近もうっすら
と汚れていたため、視
線をそらすためにスカ
ラップをつけました。

❖ 材料 ❖

ⓐ 刺繍糸（DMC25番/ECRU）
ⓑ 刺繍糸（DMC25番/841）

❖ 直し方 ❖

1. お直ししたい部分にあわせて図案を
写し、刺繍をほどこす。

2. 袖の部分にボタンホールスカラップ
をほどこす。

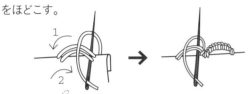

ⓐ **ボタンホールスカラップ（3）**

3本どりの糸を2回
渡してループを作り
ます。渡したループ
に、図のように糸を
かけてくり返します。

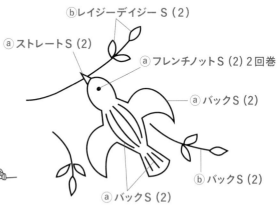

ⓑ レイジーデイジー S（2）

ⓐ ストレート S（2）

ⓐ フレンチノット S（2）2回巻

ⓐ バック S（2）

ⓑ バック S（2）

ⓐ バック S（2）

┌─ *how to stitch* ─────────────┐
バックS ········· P.122　　フレンチノットS ····· P.123
ストレートS ····· P.122　　レイジーデイジー S ··· P.124
└─────────────────────────┘

※Sはステッチの略、（　）内の数字は糸の本数です。図案は実寸ではありません。刺繍するものにあわせて、拡大・縮小してお使いください。

お直し方法 // **ダーニング・刺繍**
design // いわせあさこ

お直し*memo*

ニットカーディガンが部分的に黄ばんで変色していた
ため、それを隠すようにダーニングを。穴あきの補強に
は向いていませんが、リボンと刺繍糸という異素材を
ミックスすることで、かわいいお直しになりました。

❖ 材料 ❖

ⓐ 刺繍糸 (MOCO7番/172)
ⓑ 刺繍糸 (MOCO9番/712)
ⓒ 刺繍糸 (SARA5番/55ゴールド)
ⓓ オーガンジーリボン (貴和製作所/11mm幅/12クリーム)

❖ 直し方 ❖

1. ⓐⓑでランニングと四角のダー
ニングをする。続いて、ⓒで同
様の手順で横糸を刺す。

2. ⓒⓓでリボンのダーニングをす
る。その周りを囲むようにラン
ダムにⓐでクロスを刺す。

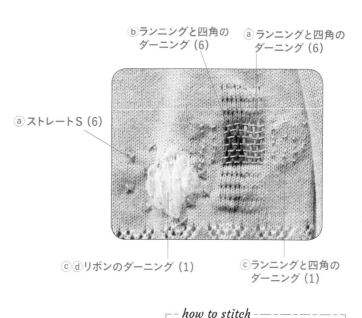

ⓑランニングと四角の
ダーニング (6)

ⓐランニングと四角の
ダーニング (6)

ⓐストレートS (6)

ⓒⓓリボンのダーニング (1)

ⓒランニングと四角の
ダーニング (1)

┌─ *how to stitch* ─────────
│ ランニングと四角のダーニング ── P.115
│ リボンのダーニング ──────── P.120
│ ストレートS ───────────── P.122
└──────────────────────

※Sはステッチの略、( )内の数字は糸の本数です。

お直し方法 // **ビーズ刺繍**
design // いわせあさこ

お直し*memo*

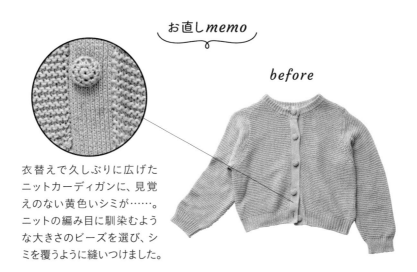

before

衣替えで久しぶりに広げた
ニットカーディガンに、見覚
えのない黄色いシミが……。
ニットの編み目に馴染むよう
な大きさのビーズを選び、シ
ミを覆うように縫いつけました。

❖ 材料 ❖

ⓐ 手縫い糸 (アイテムもしくはビーズと同じ色)
ⓑ グラスビーズ (MIYUKI/ドロップ 3.4㎜ H90/#DP528)

❖ 直し方 ❖

1. ⓑのグラスビーズにⓐを通し、シミ
を隠すようにビーズ・返し刺し (2)
でビーズをとめる。

> ボタンにビーズを縫い
> つけるときは、大きく
> なりすぎないように注
> 意しましょう。ボタン
> ホールに通らなくなる
> 恐れがあります。

┌─ *how to stitch* ─────────┐
│ ビーズ・返し刺し .... P.125 │
└──────────────────────┘

※ (　) 内の数字は糸の本数です。

お直し方法 // **ダーニング**

design // ミムラトモミ

お直し*memo*

before

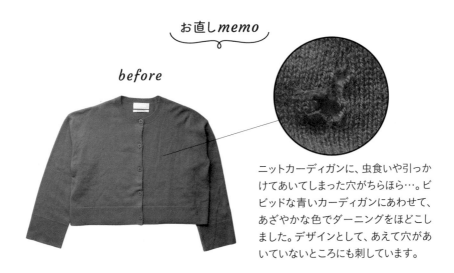

ニットカーディガンに、虫食いや引っか
けてあいてしまった穴がちらほら…。ビ
ビッドな青いカーディガンにあわせて、
あざやかな色でダーニングをほどこし
ました。デザインとして、あえて穴があ
いていないところにも刺しています。

❖材料❖

ⓐ 毛糸（マデリントッシュ /CANDLEWICK）
ⓑ 毛糸（マデリントッシュ /TEXAS TULIPS）

❖直し方❖

1. 布の裏面から糸を出し、ⓐⓑそれぞれの糸
で四角いダーニング（1 / フチなし）をする。

how to stitch

四角いダーニング ·············· P.110

※（　）内の数字は糸の本数です。

お直し方法 // **ダーニング・刺繍**
design // ミムラトモミ

お直し*memo*

斜めがけのバッグがあたって薄くなってしまった肩やすそにダーニングをほどこしました。また、袖にも小さな引っかき穴があいていたので、それを覆うようにモザイクダーニングを。

同じモザイクダーニングを、靴下やほかのアイテムに刺してもすてきです。

❖材料❖

ⓐ 毛糸 (ハマナカ/ モヘアカラフル/221)
ⓑ 毛糸 (ハマナカ/ モヘアカラフル/223)
ⓒ 毛糸 (ハマナカ/ モヘアカラフル/233)
ⓓ 毛糸 (ハマナカ/ モヘアカラフル/307)
ⓔ レース糸 (ダルマ糸/#80/白)
ⓕ レース糸 (ダルマ糸/#80/黒)
モザイクダーニングについては、そのほか手持ちのあまり糸をランダムに使用。

❖直し方❖

1. 袖は、お直ししたい部分にあわせて図案を写し、モザイクダーニングをする。

2. 肩とすそは、ⓐ〜ⓓでランニングと四角のダーニング (1) をする。

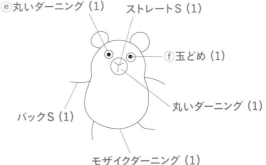

ⓔ丸いダーニング (1)　ストレートS (1)
ⓕ玉どめ (1)
丸いダーニング (1)
バックS (1)
モザイクダーニング (1)

※Sはステッチの略、( ) 内の数字は糸の本数です。図案は実寸ではありません。刺繍するものにあわせて、拡大・縮小してお使いください。

お直し方法 // **ニードルフェルト・刺繍**
design // ミムラトモミ

お直し*memo*

何かに引っかけて袖の糸が出てしまったため、ニードルフェルトでカバーし、さらにその上にダーニングをほどこして強化しました。それ以外の場所にも同じようなデザインを刺し、統一感のあるアイテムに仕上げました。

❖ 材料 ❖

ⓐ 羊毛 (赤、白、ピンク、黄色、チャコール)
ⓑ 毛糸 (マデリントッシュ /TEXAS TULIPS)
ⓒ 毛糸 (MOCOemiko/ シングルソック)

❖ 直し方 ❖

1. ニードル針でⓐを刺し、ランダムな円形になるように整える。

2. ⓑⓒでランニングS (1) を刺し、羊毛が離れないように固定する。

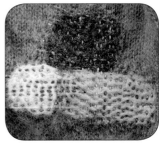

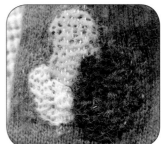

-- *how to stitch* -------

ニードルフェルト ················ P.119
ランニングS ················ P.122

※Sはステッチの略、(　)内の数字は糸の本数です。

お直し方法 // **ダーニング**

design // ミムラトモミ

お直し*memo*

before

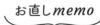

袖わきの下がすれ、糸もほつれて
大きく裂けていました。ダーニン
グをほどこすことで強度を上げて、
同じところが再び裂けないように
しました。アイテムの仕立て糸に
あわせて、同系色の糸を使って自
然な仕上がりに。

◇ 材料 ◇

ⓐ コットン糸 (オフホワイト)

◇ 直し方 ◇

1. ⓐで四角いダーニング (1 / フチあり) をする。
ダメージに対して、垂直にタテ糸を渡した
後、ヨコ糸を通すと安定して刺しやすい。

1

タテ糸を先に
渡します。

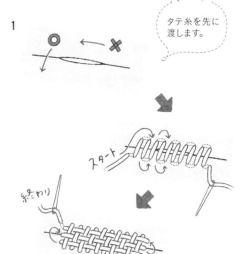

スタート

糸おわり

┌─ *how to stitch* ─────┐
四角いダーニング ········· P.110
└────────────────────┘

※ ( ) 内の数字は糸の本数です。

お直し方法 // **ダーニング**

design // ミムラトモミ

お直し*memo*

デニムのすそをかかとで踏んでしまい、汚れとすり切れ
が気になっていた部分にダーニングをほどこしていま
す。カラフルな四角いダーニングが、後ろからちらりと
見えるのがポイントです。

❖ 材料 ❖

ⓐ 毛糸 (マデリントッシュ /TEXAS TULIPS)
ⓑ 毛糸 (マデリントッシュ /CANDLEWICK)
ⓒ 毛糸 (マデリントッシュ /JADE)
ⓓ 毛糸 (マデリントッシュ /SUPERB)
ⓔ 毛糸 (MOCOemiko/ プラチナソック)

❖ 直し方 ❖

ⓐ～ⓔ四角いダーニング

1. ⓐ～ⓔで四角いダーニング (1 / フチあり) をす
   る。ダメージに対して、垂直にタテ糸を渡した
   後、ヨコ糸を通すと刺しやすい。

┌─ *how to stitch* ─────┐
│ 四角いダーニング ┈┈┈┈┈ P.110 │
└─────────────────────┘

※ (　) 内の数字は糸の本数です。

お直し方法 // **ダーニング**

design // ミムラトモミ

お直し*memo*

before

後ろポケットによくスマホを
入れているため、角がすれ
てやぶれていました。ひざと
同じく目立たない色の糸で
仕上げましたが、明るい差
し色で刺してもすてきです。

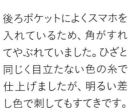

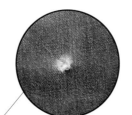

ひざをよく地面につくため、
左ひざ部分がすれて穴が
あいていました。メンズデ
ニムなので、あまり目立た
ないように、デニムに近
い色の糸を選び、馴染む
ダーニングをほどこします。

❖ 材料 ❖

ⓐ レース糸 (ダルマ糸 #80 /11番)

❖ 直し方 ❖

1. ⓐでランニングと四角のダーニング (1) を
する。ダメージに対して、中央あたりから垂
直にタテ糸を渡していくとよい。ポケットの
部分は、木のスプーンやステンレスソープ
をあてると刺しやすい。

how to stitch

ランニングと四角のダーニング ····· P.115

※ ( ) 内の数字は糸の本数です。

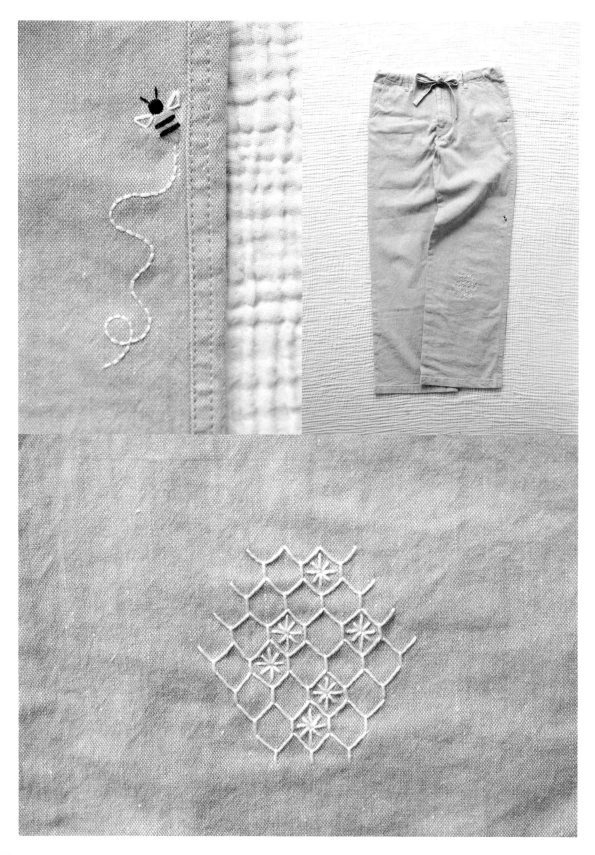

お直し方法 // **刺繍**
design // 鯉渕直子

お直し *memo*

before

いつの間にか、茶色い濃いシミが点在していたため、上から隠すように刺繍をほどこしました。ストレッチのきいた厚手の生地なので、クロスステッチ用の先が丸い針を使用すると刺しやすいです。

❖ 材料 ❖

ⓐ 刺繍糸（DMC 25番 /310）
ⓑ 刺繍糸（DMC 25番 /BLANC）
ⓒ 刺繍糸（DMC 25番 /3821）
ⓓ 刺繍糸（DMC 25番 /ECRU）
ⓔ 刺繍糸（DMC コットンパール 5番 /ECRU）

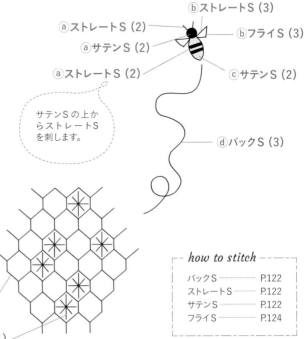

ⓑ ストレートS (3)
ⓐ ストレートS (2)
ⓐ サテンS (2)
ⓑ フライS (3)
ⓐ ストレートS (2)
ⓒ サテンS (2)

サテンSの上からストレートSを刺します。

ⓓ バックS (3)

❖ 直し方 ❖

1. お直ししたい部分にあわせて図案を写し、刺繍をほどこす。

フライSをくり返して、六角形を作ります。

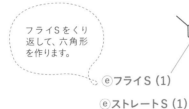

ⓔ フライS (1)
ⓔ ストレートS (1)

how to stitch

バックS	P.122
ストレートS	P.122
サテンS	P.122
フライS	P.124

※Sはステッチの略、（　）内の数字は糸の本数です。図案は実寸ではありません。ご自身の刺繍したいものにあわせて、拡大・縮小してお使いください。

お直し方法 // **刺繍**
design // 鯉渕直子

お直し *memo*

before

何かに引っかけたのか、ス
カートのサイドの縫い目が
ほつれて、穴があいていま
した。ほつれた部分をまつ
り、ポイントとなる刺繍を
ほどこしました。

❖ 材料 ❖

ⓐ 手縫い糸（紺）

ⓑ 刺繍糸（DMC25番/3842）

ⓒ 刺繍糸（DMC25番/333）

ⓓ 刺繍糸（DMC25番/3607）

ⓔ 刺繍糸（DMC25番/3821）

ⓕ 刺繍糸（DMC25番/500）

❖ 直し方 ❖

1. ほつれた部分をⓐでまつり縫
いをする。

2. 図案を参考に刺繍をほどこす。

レイジーデイジー
Ｓをした後に、そ
の中にストレート
Ｓをする。

ⓑ フィールＳ応用（3）

ⓒ フィールＳ応用（3）

ⓓ フィールＳ応用（3）

ⓑ フィールＳ応用（3）

ⓕ レイジーデイジーＳ
＋ストレートＳ（3）

ⓔ フレンチノットＳ（3）2回巻

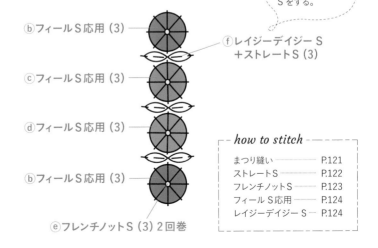

how to stitch

まつり縫い	P.121
ストレートＳ	P.122
フレンチノットＳ	P.123
フィールＳ応用	P.124
レイジーデイジーＳ	P.124

※ Ｓはステッチの略、（ ）内の数字は糸の本数です。図案は実寸ではありません。ご自身の刺繍したいものにあわせて、拡大・縮小してお使いください。

お直し方法 // **刺繍**
design // いわせあさこ

お直し*memo*

before

タイトスカートのバックスリット
部分が裂けて、スリットが深く
なっていました。ビーズと飾り
刺繍を入れながら、スリット部
分を縫いあわせています。お直
し部分が小さなポイントに。

❖ 材料 ❖

ⓐ ダーニング糸 (クロバー / ナチュラル モノクロ)
ⓑ ビーズ (TOHO takumi LH/ 丸中 No.49F)

❖ 直し方 ❖

1. ⓐでスリットの両サイドにチェーンS (4) を
する。

2. ⓐ (4) を用意し、チェーンSを交互にす
くっていきながら引き締める。そのさい、
チェーンS の中央にⓑがくるように通しな
がら刺していく。

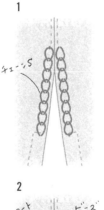

1

チェーンS

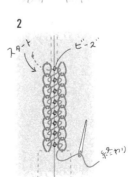

2

スタート　　ビーズ

糸始末

ⓐチェーンS (4)

┌─ *how to stitch* ─┐
チェーンS ·········· P.123
└───────────────────┘

※Sはステッチの略、(　) 内の数字は糸の本数です。

お直し方法 // **刺繍**
design // 鯉渕直子

お直し*memo*

before

スカートのすそ付近を、何かに引っかけてしまったのか小さな穴があいていました。薄めの生地なので、補強のためにも補修布をあてて刺繍をしています。

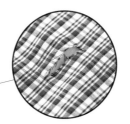

✣ 材料 ✣

ⓐ アイロン接着補修布（KAWAGUCHI）
ⓑ 刺繍糸（DMC25番/816）
ⓒ 刺繍糸（DMC25番/336）

✣ 直し方 ✣

1. ⓐをほつれた部分より大きめにカットする。このとき角を丸くカットするとはがれにくい。服の裏側からアイロンで接着する。

2. 図案を写し、刺繍をほどこす。

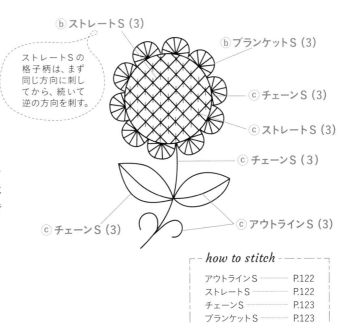

ⓑ ストレートS（3）

ストレートSの格子柄は、まず同じ方向に刺してから、続いて逆の方向を刺す。

ⓑ ブランケットS（3）

ⓒ チェーンS（3）

ⓒ ストレートS（3）

ⓒ チェーンS（3）

ⓒ チェーンS（3）

ⓒ アウトラインS（3）

how to stitch

アウトラインS	P.122
ストレートS	P.122
チェーンS	P.123
ブランケットS	P.123

※Sはステッチの略、（　）内の数字は糸の本数です。図案は実寸ではありません。ご自身の刺繍したいものにあわせて、拡大・縮小してお使いください。

お直し方法 // **刺繍**
design // いわせあさこ

お直し*memo*

袖にボールペンで書いてしまったシミが点在していたため、小さな刺繍でカバーしました。アイテムのナチュラルな雰囲気をこわさないように、ベージュ系の糸でシンプルに仕上げています。ところどころに入れたビーズがポイントです。

❖ 材料 ❖

ⓐ 刺繍糸（DMC25番/3033）
ⓑ 手縫い糸（ビーズと同じ色）
ⓒ ビーズ（TOHO丸小/No.21F）

❖ 直し方 ❖

1. サテンS、フレンチノットSでドーナツ型、フレンチノットSで円形になるように刺繍をほどこす。

2. バランスをみて、いくつかのモチーフにⓒのビーズをⓑでとめる。

ⓑⓒ ビーズ・返し刺し（2）

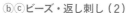

ⓐ フレンチノットS（3）1回巻

ⓑⓒ ビーズ・返し刺し（2）

ⓑⓒ ビーズ・返し刺し（2）

ⓑⓒ ビーズ・返し刺し（2）　　　　　　ⓐ サテンS（3）

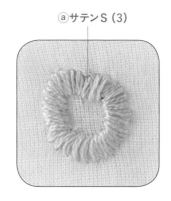

ⓐ フレンチノットS（3）1回巻

---

how to stitch

サテンS	P.122
フレンチノットS	P.123
ビーズ・返し刺し	P.125

※Sはステッチの略、（ ）内の数字は糸の本数です。

お直し方法 // **ダーニング・刺繍**
design // ミムラトモミ

お直し*memo*

before

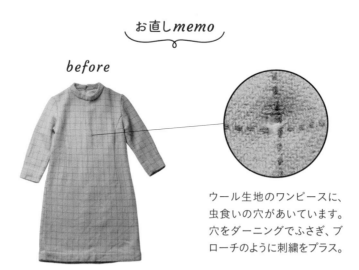

ウール生地のワンピースに、虫食いの穴があいています。穴をダーニングでふさぎ、ブローチのように刺繍をプラス。

❖ 材料 ❖

ⓐ 毛糸（マデリントッシュ /CANDLEWICK）
ⓑ 毛糸（マデリントッシュ /JADE）
ⓒ レース糸（白）

❖ 直し方 ❖

1. ⓐで丸いダーニング（フチなし）をする。穴の上をクロスするように、スタートする。

2. ⓑでバックSをする。

3. ⓒでストレートSをする。右のような順番で刺していくと、均等な花びらになる。花びらの枚数はお好みで。

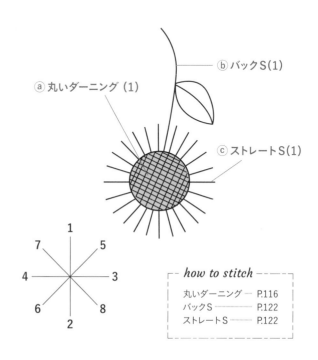

ⓑ バックS(1)
ⓐ 丸いダーニング（1）
ⓒ ストレートS(1)

```
    1
7       5

4 ——————— 3

6       8
    2
```

how to stitch

丸いダーニング	P.116
バックS	P.122
ストレートS	P.122

※Sはステッチの略、（　）内の数字は糸の本数です。図案は実寸ではありません。刺繍するものにあわせて、拡大・縮小してお使いください。

お直し方法 // **ダーニング・刺繍・ビーズ刺繍**
design // いわせあさこ

お直し*memo*

コートのボタンが取れかかっていました。プラスチックのボタンがあまり気に入っていなかったので、くるみボタンでアレンジしました。

before

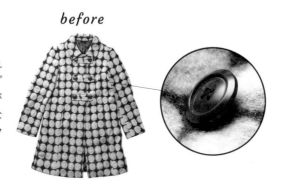

お好みでランダムに。

❖ **材料** ❖

ⓐ 刺繍糸 (DMC25番 /310)
ⓑ 手縫い糸 (ビーズと同じ色)
ⓒ ビーズ (TOHO takumi LH/ 丸中 /No.49F)
ⓓ 布
ⓔ くるみボタンキット (30mm)
　※ボタンの大きさにあわせて変更

ⓐダーニング (3)
ⓐフレンチノットS (3) 1回巻
ⓐサテンS (3)

ⓐチェーンS (3)
ⓐバックS (3)
ⓐアウトラインS (3)

ⓑⓒビーズ・返し刺し

お好みでランダムに。

ⓐ
ダーニング (3)

ⓑⓒ
ビーズ・返し刺し

ⓐフレンチノットS (3)
ⓐサテンS (3)
ⓐダーニング (3)
ⓐチェーンS (3)

❖ **直し方** ❖

1. ⓓ布を、ボタンより大きめに丸くカットする。

2. 1の中心にボタンサイズの円を描き、ⓐ〜ⓒで刺繍をする。

3. ⓔでくるみボタンを作り、コートに縫いつける。

ⓐダーニング (3)

ⓐサテンS (3)

ボタンにビーズを縫いつけるときは、大きくなりすぎないように注意しましょう。ボタンホールに通らなくなる恐れがあります。

---
how to stitch

ダーニング ……… P.110	チェーンS ……… P.123
アウトラインS ……… P.122	フレンチノットS ……… P.123
バックS ……… P.122	ビーズ・返し刺し ……… P.125
サテンS ……… P.122	

※Sはステッチの略、(　) 内の数字は糸の本数です。

お直し方法 // **刺繍**
design // 鯉渕直子

お直しmemo

before

袖の内側部分がこすれてすり切れてしまい、中の綿が見えていました。上から刺繍を重ね、白い綿が見えている部分を隠すようにお直ししました。メンズジャケットですが、ちょっとしたポイントになる色使いに仕上げています。

❖ 材料 ❖

ⓐ 刺繍糸 (DMC25番/921)
ⓑ 刺繍糸 (DMC25番/336)
ⓒ 刺繍糸 (DMC25番/9)
ⓓ 刺繍糸 (DMC25番/3371)

❖ 直し方 ❖

1. 図案を参考に、刺繍をほどこす。

はじめに十を刺し、その上に×を刺す。

はじめにストレートをタテに刺し、続けてフライSを刺す。

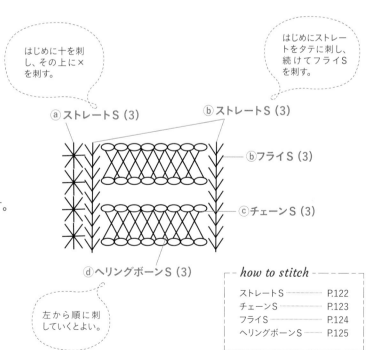

ⓐ ストレートS (3)

ⓑ ストレートS (3)

ⓑ フライS (3)

ⓒ チェーンS (3)

ⓓ ヘリングボーンS (3)

左から順に刺していくとよい。

--- *how to stitch* ---

ストレートS	P.122
チェーンS	P.123
フライS	P.124
ヘリングボーンS	P.125

※Sはステッチの略、( )内の数字は糸の本数です。

お直し方法 // **刺繍・アップリケ**
design // いわせあさこ

お直し*memo*

before

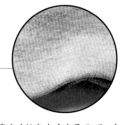

よくスマホを入れる前ポケットは、重みでややほつれかけていました。ほつれを直しながら、ちょっとしたポイントとなる刺繍でかわいくカバーしています。

腕まくりをよくするので、くったりと伸びてしまった袖口。片袖は細かく刺繍をほどこし、強度を持たせました。縫い目の間隔を狭くしたり、糸を太くするとさらに強度が増します。もう一方は少し穴があいていたので、当て布をして直しました。

❖ 材料 ❖

ⓐ 刺繍糸（DMC25番/3328）　　ⓓ 刺繍糸（DMC25番/B5200）　　ⓖ リボン（MOKUBA/No.1547 4㎜/25）

ⓑ 刺繍糸（DMC25番/3024）　　ⓔ 手縫い糸（ビーズと同じ色）　　ⓗ ビーズ（TOHO/丸小/No.41）

ⓒ 刺繍糸（DMC25番/3046）　　ⓕ 当て布（フェルト）

❖ 直し方 ❖

[左袖口]

1. ⓐ〜ⓒの糸を1本ずつあわせた3本どりで、袖口から5㎜〜1㎝のところにランニングSをする。

2. 続いて1の縫い目を目安にブランケットSをする（糸の本数を増やし、糸を太くすると強度が増す）。

ⓐⓑⓒ**ランニングS（各1の計3）**

伸びを引き締めるように、しっかり縫います。

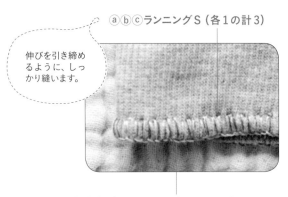

ⓐⓑⓒ**ブランケットS（各1の計3）**

[右袖口 リボン]

1. ⓓで5mm間隔にストレートSをする。袖口の半周程度にするとよい。

2. ダーニングの要領で、ⓖリボン2本を1のステッチに上下交互にくぐらせる。リボンの両端は袖の中（裏面）でたたみ、ⓓでバックSをしてとめる。

3. 1の糸の上下と中央にⓓでバックSをする。伸びを引きしめるように、きつめに糸を引くとよい。

[ポケット]

1. 目安となる円を下書きする。

2. ⓐ×1、ⓑ×2をあわせた3本どりで、円の外側から中心に向かって、ぐるぐるとアウトラインSをする。

3. 中央にⓗビーズを、ⓔの糸でとめる。

ⓐⓑアウトラインS
（ⓐ×1、ⓑ×2の計3）

ⓔⓗビーズ・返し刺し（2）

[右袖口 当て布]

1. ⓕ当て布を、余裕をもって穴をふさげるサイズに長丸型にカットする。

2. 穴をふさぐように、ⓕの布で袖口をはさみ、まち針でとめておく。

3. 当て布のフチに、ⓔでストレートSをしてとめる。途中、ⓗビーズを通しながら刺していく。

ⓖダーニング　ⓓバックS（3）　ⓗビーズ

ⓓストレートS（3）

ⓔストレートS（2）　ⓕ当て布

布端がほつれやすい素材を使うときは、布端を内側に折りたたみます。

---

how to stitch

ダーニング	P.110	ストレートS	P.122
アウトラインS	P.122	ブランケットS	P.123
バックS	P.122	ビーズ・返し刺し	P.125
ランニングS	P.122		

※Sはステッチの略、（　）内の数字は糸の本数です。

お直し*memo*

before

ダメージはありませんが、全体のバランスを取るためにフードにもポイントを。

ママのパーカー同様に、前ポケットがややほつれかけていました。縫いあわせた後、当て布と刺繍でポイントになるようなお花に。

伸びて毛羽立ってしまった袖口。片袖はすり切れていたので当て布でカバーしています。もう一方は刺繍でくたっとした感じをカバーしました。見ていて楽しくなるような色使いで、お直し感のないかわいいアイテムに仕上げています。

❖ 材料 ❖

ⓐ 刺繍糸 (DMC25番/163)　　ⓔ 刺繍糸 (DMC25番/962)
ⓑ 刺繍糸 (DMC25番/351)　　ⓕ 当て布 (オーガンジー)
ⓒ 刺繍糸 (DMC25番/472)　　ⓖ NUNO DECO TAPE (みずいろしましま)
ⓓ 刺繍糸 (DMC25番/754)　　ⓗ NUNO DECO TAPE (きいろしましま)

❖ 直し方 ❖

[フード]

1. 写真を参考に、刺繍をほどこす。

[左袖口]

1. ⓓ×2、ⓔ×1をあわせた3本どりで、楕円を描くようにランニングSをする (これが外周になる)。

2. 楕円の外側から中心に向かって、ぐるぐるとブランケットSをする。

ⓒバックS (3)　　ⓓバックS (3)

ⓖNUNO DECO TAPE

ⓒバックS (3)

ⓗNUNO DECO TAPE

外側から中心に向かって、V字にバックSを刺していく。

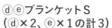

ⓓⓔブランケットS
(ⓓ×2、ⓔ×1の計3)

ⓓⓔランニングS (ⓓ×2、ⓔ×1の計3)

[右袖口 ダーニング]

1. ⓐ〜ⓔでランニングと四角のダーニングをする。

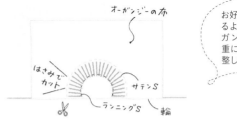

ⓐ〜ⓔランニングと四角のダーニング（3）

ⓕ当て布

ⓒサテンS（3）

[右袖口 当て布]

1. 穴をふさぐようにⓕの布で袖口をはさみ、まち針でとめておく。

2. ⓒで半円を描くようにランニングSをする（これが下書きに）。

3. 2が隠れるように、端からサテンSをする。最後に余分な布をはさみでカットする。

2・3

オーガンジーの布

はさみでカット

サテンS

ランニングS

輪

> お好みの色になるように、オーガンジーは二重にするなど調整してください。

[ポケット]

1. ほつれている部分を適当な糸でまつる。

2. ⓕの布に完成イメージの円を下書きする。ダメージ部分を覆うようにあてがい、まち針でとめておく。

3. 下書きを目安に、ⓒでランニングSをする。

4. 3が隠れるように、サテンSをする。最後に余分な布をはさみでカットする。

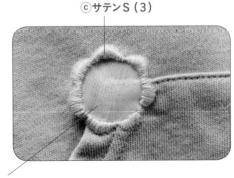

ⓒサテンS（3）

ⓕ当て布

4

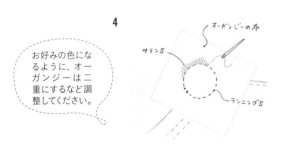

オーガンジーの布

サテンS

ランニングS

> お好みの色になるように、オーガンジーは二重にするなど調整してください。

how to stitch

ランニングと四角のダーニング	P.115	ランニングS	P.122
		サテンS	P.122
バックS	P.122	ブランケットS	P.123

※Sはステッチの略、（　）内の数字は糸の本数です。

お直し方法 // **ダーニング・ニードルフェルト・刺繍**
design // ミムラトモミ

お直しmemo

パパのシャツは左袖に汚れが、子どものシャツには胸元に食べこ
ぼしによるシミがついていました。汚れとシミを羊毛で覆って隠し
ています。子どもには食べざかりのアオムシを、パパはその成長
を見守る木をイメージして刺しています。

❖ 材料 ❖

ⓐ 羊毛 (白)
ⓑ 毛糸 (マデリントッシュ /JADE)
ⓒ 毛糸 (マデリントッシュ /SUPERB)
ⓓ 毛糸 (MOCOemiko/ プラチナソック)
ⓔ レース糸 (ダルマ糸/#80/白)
ⓕ レース糸 (ダルマ糸/#80/黒)

❖ 直し方 ❖

1. それぞれのモチーフをアイテムに下
書きする。

2. 虫はⓓでモザイクダーニングをする。

3. 木と葉は、ⓐとⓑを好みで混ぜて
緑の羊毛を作る。ニードル針で刺し
て形を整える。

4. 木はⓒで枝と幹、葉はⓒで葉脈を
バックSで刺し、羊毛が離れないよ
う固定する。

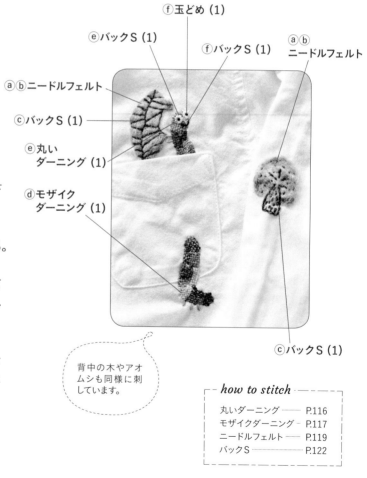

ⓕ玉どめ (1)
ⓔバックS (1)
ⓕバックS (1)
ⓐⓑ
ニードルフェルト
ⓐⓑニードルフェルト
ⓒバックS (1)
ⓔ丸い
ダーニング (1)
ⓓモザイク
ダーニング (1)
ⓒバックS (1)

背中の木やアオ
ムシも同様に刺
しています。

┌ *how to stitch* ─────
丸いダーニング ────── P.116
モザイクダーニング ── P.117
ニードルフェルト ────── P.119
バックS ──────────── P.122

お直し方法 // **ダーニング・ニードルフェルト・刺繍**
design // ミムラトモミ

お直し*memo*

ママのデニムには、漂白剤が散ったような白いシミが、子どものスカートにはペンのシミが点在していました。羊毛でシミを覆って隠しています。no.24のアオムシが成長したチョウを子どものデニムに、ママのデニムにはそれを育む花をイメージして刺しています。

ⓑバックS（1）

ⓐニードルフェルト

ⓒフレンチノットS（1）2回巻

❖ 材料 ❖

ⓐ 羊毛（赤、白、黄、緑）
ⓑ 毛糸（マデリントッシュ /SUPERB）
ⓒ 毛糸（MOCOemiko/ プラチナソック）

❖ 直し方 ❖

1. それぞれのモチーフをアイテムに下書きする。

2. チョウはⓑⓒでモザイクダーニングをする。

3. 花と葉は、ニードル針でⓐを刺して形を整える。

4. 花にはⓒで花芯、葉はⓑで葉脈をバックSで刺し、羊毛が離れないよう固定する。最後に赤い花の中央にフレンチノットSを刺す。

ⓐニードルフェルト

ⓒバックS（1）

ⓑⓒモザイクダーニング（1）

--- *how to stitch* ---

※Sはステッチの略、（ ）内の数字は糸の本数です。

お直し方法 // **刺繍・アップリケ**
design // 鯉渕直子

お直し*memo*

before

元からあるくじらの刺繍がほつれていたので、ブランケットSでほつれを補強しています。元の雰囲気を損なわないように、近い色の糸を使い馴染むデザインに仕上げました。

子どもが名札を無理に引っ張って取ろうとして、大きな穴があいていました。手芸用接着剤で上からフェルトを貼りつけています。

フェルトの円の外側から針を出し、ブランケットSをする。

ⓐ ブランケットS 応用❶ (3)

ⓐ ブランケットS (3)

ⓑ ブランケットS 応用❶ (3)

ⓒ ブランケットS 応用❶ (3)

ブランケットS が難しい場合は、ストレートSにすると簡単です

ⓐ ブランケットS (3)

ⓐ ブランケットS (3)

❖ 材料 ❖

ⓐ 刺繍糸 (DMC25番/807)
ⓑ 刺繍糸 (DMC25番/350)
ⓒ 刺繍糸 (DMC25番/BLANC)
ⓓ 当て布 (フェルト)

❖ 直し方 ❖

1. ⓓ当て布を円形にカットし、手芸用接着剤で穴の上に貼る。接着剤が完全に乾いたら、刺繍をほどこす。

2. くじらの目と体にブランケットSを刺す。

how to stitch

ブランケットS	P.123
ブランケットS応用❶	P.123

※Sはステッチの略、（ ）内の数字は糸の本数です。図案は実寸ではありません。ご自身の刺繍したいものにあわせて、拡大・縮小してお使いください。

お直し方法 // **その他**
design // 鯉渕直子

お直し*memo*

before

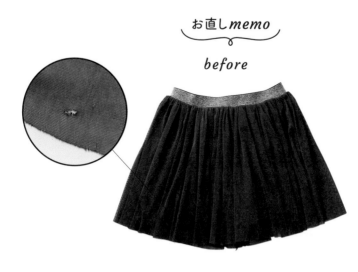

チュールスカートのすそに、何かに引っかけた穴があいていました。目が大きなチュール素材を針と糸で縫いあわせるのはむずかしいため、もっと簡単に直せる方法を考えました。

❖ 材料 ❖

ⓐ 手縫い糸 (アイテムやリボンと同じ色)
ⓑ リボン (5mm幅)

❖ 直し方 ❖

1. 穴のあいた部分が隠れるように、生地をつまんでプリーツ状にする。折山を3つくらいつくるとよい。

2. ⓐの1本の糸を2つに折り、折り目が輪になるように針を通す。つまんだ生地の折山に針を通し、輪の中に針を通して糸を引き締める。2、3回かがってプリーツを固定したら、針を裏に出し、裏のプリーツも同様にかがって最後は玉どめで処理する。

3. ⓑリボンをチョウ結びにし、プリーツの折山に縫いつける。

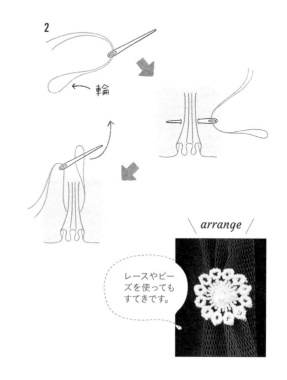

2

← 輪

\ *arrange* /

レースやビーズを使ってもすてきです。

お直し方法 // **ニードルフェルト・刺繍**
design // ミムラトモミ

お直し*memo*

before

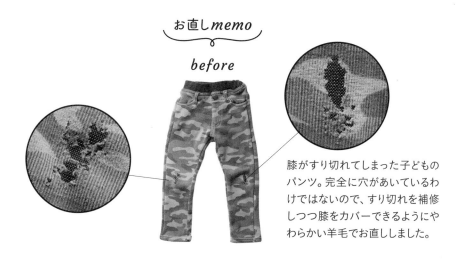

膝がすり切れてしまった子どもの
パンツ。完全に穴があいているわ
けではないので、すり切れを補修
しつつ膝をカバーできるようにや
わらかい羊毛でお直ししました。

❖材料❖

ⓐ 羊毛 (チャコール、白、黄)
ⓑ レース糸 (オリムパス/グラデカラフル/C11番)

❖直し方❖

1. ⓐの羊毛をよく混ぜ、迷彩のような色あいに
なるように準備する。

2. ニードル針で羊毛を刺し、円形になるように
整える。

3. ⓑでランニングS (1) を刺し、羊毛が離れな
いように固定する。

how to stitch

ニードルフェルト	P.119
ランニングS	P.122

※Sはステッチの略、(　)内の数字は糸の本数です。

お直し方法 // **刺繍**
design // 鯉渕直子

お直しmemo

やわらかくざっくりとした編み目のストールに、何かに
引っかけたような穴があいていました。繊細な生地の
ため刺繍をするのはむずかしく、これ以上穴が広がら
ないように簡単にできるお直しをほどこしました。

❖ 材料 ❖

ⓐ 刺繍糸 (DMC25番/561)
ⓑ 手縫い糸 (アイテムと同じ色)
ⓒ ケミカルレース (花柄のもの)
ⓓ ビーズ (TOHO/丸小/黄色)

❖ 直し方 ❖

1. 穴のあいた部分が隠れるように、生地をつまん
でプリーツ状にする。折山を3つくらいつくると
よい。

2. ⓑの1本の糸を2つに折り、折り目が輪になる
ように針を通す。つまんだ生地の折山に針を通
し、輪の中に針を通して糸を引き締める。2、3
回かがってプリーツを固定したら、針を裏に出
し、裏のプリーツも同様にかがって最後は玉ど
めで処理する (P.65参照)。

3. ⓒケミカルレースの花の部分をカットし、プ
リーツの折山に縫いつける。

4. 花の上下にⓐで葉の刺繍をして、最後に中央
にⓓビーズをⓑで縫いつける。

ⓐレイジーデイジー S (2)

ⓓビーズ　　ⓒケミカルレース

--- *how to stitch* ---
レイジーデイジー S ······ P.124

※Sはステッチの略、( )内の数字は糸の本数です。

お直し方法 // **ダーニング**

design // ミムラトモミ

お直し*memo*

カシミヤのやわらかいマフラーに、虫食いや何かに引っか
けたような穴があいていました。あえてマフラーより太い
毛糸を使って、ポイントとなるようなダーニングを散らし、
存在感のあるお直しに仕上げました。

❖ 材料 ❖

ⓐ 毛糸 (マデリントッシュ /SUPERB)
ⓑ 毛糸 (マデリントッシュ /CANDLEWICK)
ⓒ 毛糸 (MOCOemiko/ シングルソック)

❖ 直し方 ❖

1. ⓐⓑⓒでランニングと四角のダーニングをする。

ⓐ ランニングと四角のダーニング (1)　　　　ⓒ ランニングと四角のダーニング (1)

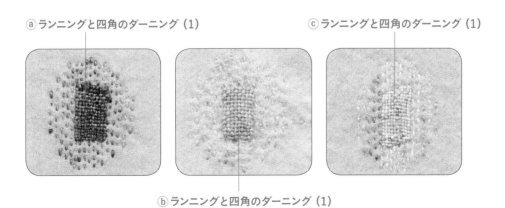

ⓑ ランニングと四角のダーニング (1)

┌─ *how to stitch* ─────────
│ ランニングと四角のダーニング ── P.115
└ ─ ─ ─ ─ ─ ─ ─ ─ ─ ─ ─ ─ ─

※ ( ) 内の数字は糸の本数です。

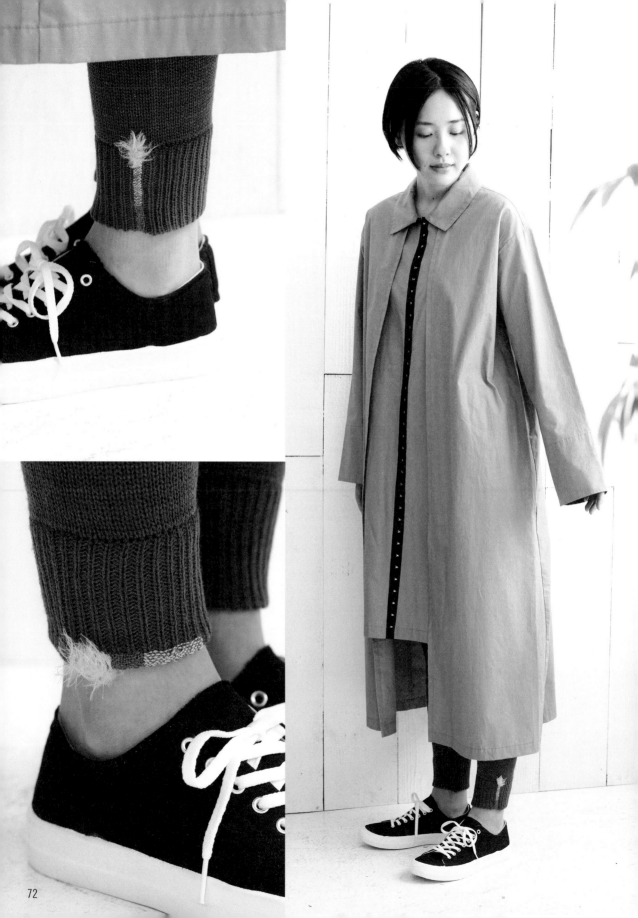

お直し方法 // **ダーニング・刺繍**
design // いわせあさこ

お直しmemo

ニット素材のレギンスのすそが少しくたびれていたので、
ダーニングで補強しました。隣にふわふわしたファーのよ
うな糸を刺し、シンプルなデザインのレギンスにちょっと
したポイントを足しました。

> オフホワイト、
> ベージュ、茶色
> の3色セットの
> 糸です

❖ 材料 ❖

ⓐ ダーニング糸 (クロバー / ベージュ系)
ⓑ スフレモール (AVRIL / シルバーグレー)

❖ 直し方 ❖

1. ⓐで四角いダーニング (フチなし) をする。タテ
糸を茶色で刺し、ヨコ糸をオフホワイト、ベー
ジュ、茶色の3つにわけて刺していく。

2. 1の横にⓑでストレートSをする。

ⓑ ストレートS (1)

ヨコ糸▶
オフホワイト

ベージュ

茶色

ⓐ四角いダーニング (2)

> もう片方の足も
> 同じ要領で、横
> に刺しています。

タテ糸▶
茶色

┌─ *how to stitch* ─────
│ 四角いダーニング ─── P.110
│ ストレートS ─────── P.122
└──────────────

※Sはステッチの略、( ) 内の数字は糸の本数です。

お直し方法 // **刺繍**

design // いわせあさこ

お直し*memo*

タイツのかかとや足の裏が一部すれていたので、小さな刺繍で補強のお直しをしました。全体のバランスを取るために、足首にも刺繍を散らしています。歩くたびにカラフルなリボンがのぞく、かわいいアイテムに仕上げました。

❖ 材料 ❖

ⓐ ダーニング糸 (クロバー / ナチュラルモノクロ)
ⓑ ダーニング糸 (クロバー / イエロー系)
ⓒ ダーニング糸 (クロバー / レッド系)
ⓓ ダーニング糸 (クロバー / グリーン系)
ⓔ ダーニング糸 (クロバー / ブルー系)
ⓕ ダーニング糸 (クロバー / ピンク系)

> 下書きが可能な生地であれば、ペンで書いてもOK です。

❖ 直し方 ❖

1. お好みの糸で、リボンの形のベースとなる「×」を描くように、ランニングSをする (これが下書きに)。

2. 1を目安に、端から中心に向かってサテンS (1)をする。

---- *how to stitch* ----

ランニングS ········ P.122
サテンS ············ P.122

※Sはステッチの略、(　) 内の数字は糸の本数です。

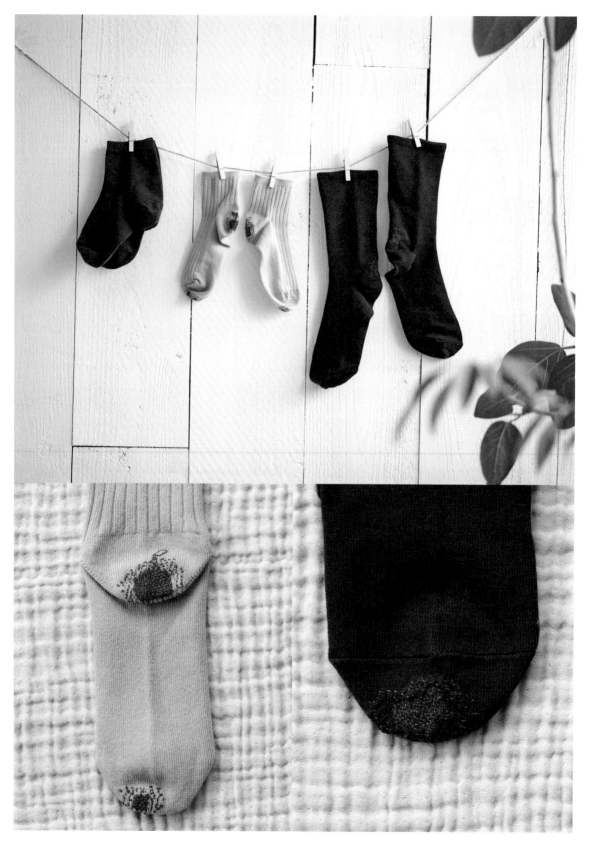

お直し方法 // **ダーニング・刺繍**
design // ミムラトモミ

お直し*memo*

パパ、ママ、子どもの親子3人の靴下に、ダーニングをほどこし
ました。薄くなっているかかとやつま先を補強しています。3人で
リンクするようにダーニングの形や色につながりを持たせました。
靴下と似た色を選べば、ダーニングはより目立たなくなります。

❖ 材料 ❖

ⓐ 毛糸 (Neppi/ モヘア極細 / アカプルコブルー)
ⓑ 毛糸 (ダルマ / ウールモヘヤ / ネイビー)

> きれいな円になる
> ように、先に円形
> のランニングS を
> してもOK です。

❖ 直し方 ❖

1. ⓐⓑでつま先とかかととそれぞれに、ランニングS
と丸いダーニング (フチなし) をする。

2. お好みで、かかとにはりんごの茎と葉をバックS
で刺す。

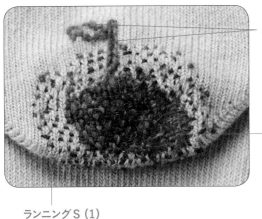

バックS (1)

> 茎の部分はバッ
> クSを2本並べ
> ています。

丸いダーニング (1)

ランニングS (1)

---
how to stitch

丸いダーニング	P.116
バックS	P.122
ランニングS	P.122

※Sはステッチの略、( )内の数字は糸の本数です。

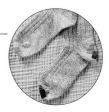

お直し方法 // **ダーニング**

design // ミムラトモミ

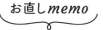

お直し*memo*

薄くなった部分の補強におすすめな、簡単なお直しです。

❖ 材料 ❖

ⓐ 毛糸 (マデリントッシュ /JADE)
ⓑ 毛糸 (マデリントッシュ /TEXAS TULIPS)
ⓒ 毛糸 (MOCOemiko/ シングルソック)

❖ 直し方 ❖

1. 靴下の薄くなった部分に、メリヤス縫い (1) を
する。四角くなるようにイメージしながら、編み
目をすくっていく。

┌─ *how to stitch* ─┐
│ メリヤス縫い ─────── P.118 │
└────────────┘

お直し方法 // **刺繍**

design // いわせあさこ

❖ 材料 ❖

ⓐ 刺繍糸 (DMC25番 /472)
ⓑ 刺繍糸 (DMC25番 /B5200)

お直し*memo*

靴下の両サイドがショートブーツにあたって、毛羽
立っていました。お花をイメージした刺繍で、靴下が
これ以上こすれないように守ります。

❖ 直し方 ❖

1. 図案のように刺繍をほどこす。

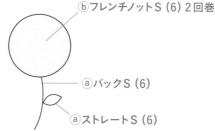

ⓑ フレンチノットS (6) 2回巻
ⓐ バックS (6)
ⓐ ストレートS (6)

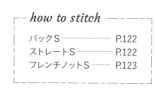

┌─ *how to stitch* ────┐
│ バックS ────────── P.122 │
│ ストレートS ──────── P.122 │
│ フレンチノットS ────── P.123 │
└─────────────────┘

お直し方法 // **ダーニング・刺繍**
design // いわせあさこ

お直し*memo*

かかとの薄くなってしまったところに、ダーニングを
ほどこしました。遊び心のあるデザインは、子どもの
靴下におすすめです。

❖ 材料 ❖

- ⓐ 刺繍糸（COSMO25番/308）
- ⓑ 刺繍糸（COSMO25番/317）
- ⓒ 刺繍糸（COSMO25番/854）
- ⓓ ビーズ（TOHO/丸小/No.55）

❖ 直し方 ❖

[洋梨]

1. ⓑで洋梨の形にランニングSをする（これが
下書きに）。

2. ⓑでダーニングをする。タテ糸は中心から
左右に向かって刺していくとよい。

3. 残りはⓐで図案のように刺繍をする。

[花]

1. ⓒで花びらの形にランニングSをする（これ
が下書きに）。

2. ⓒでダーニングをする。タテ糸は中心から
左右に向かって刺していくとよい。

3. 中心をⓑでダーニングし、残りはⓐで図案
のように刺繍をする。

[足首の飾り]

1. それぞれⓑⓒでブランケットSをし、1目お
きにⓓビーズを通しながら刺す。

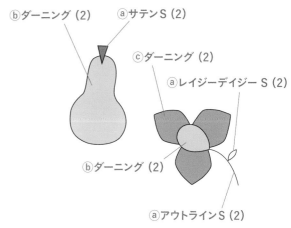

ⓑダーニング（2） 　ⓐサテンS（2）
ⓒダーニング（2）
ⓐレイジーデイジーS（2）
ⓑダーニング（2）
ⓐアウトラインS（2）

ⓓビーズ

ⓒブランケットS（2）

how to stitch

ダーニング	P.110	サテンS	P.122
アウトラインS	P.122	ブランケットS	P.123
ランニングS	P.122	レイジーデイジーS	P.124

※Sはステッチの略、（　）内の数字は糸の本数です。図案は実寸ではありません。ご自身の刺繍したいものにあわせて、拡大・縮小してお使いください。

お直し方法 // **ダーニング**
design // ミムラトモミ

お直し*memo*

薄くなってしまった五本指ソックスの足裏をお直し
しました。指の部分は、中にスプーンを入れてダー
ニングをします。

❖ 材料 ❖

ⓐ 毛糸 (MOCOemiko/ シングルソック)
ⓑ 毛糸 (マデリントッシュ /SUPERB)
ⓒ 毛糸 (ダルマ/ ウールモヘヤ/ ネイビー)

❖ 直し方 ❖

1. 布の裏面から糸を出し、ⓐ〜ⓒで四角いダー
ニング (1)、ランニングと四角のダーニング (1)、
丸いダーニング (1) をお好みで刺す。

how to stitch

四角いダーニング	P.110
ランニングと四角のダーニング	P.115
丸いダーニング	P.116

お直し方法 // **ダーニング**
design // ミムラトモミ

お直し*memo*

爪先が薄くなりやすいフットカバーを、やわらかい糸
でお直ししました。靴下に馴染み、自然な仕上がり
になります。

❖ 材料 ❖

ⓐ 毛糸 (ワンカ/ ペルー糸/ レッド)
ⓑ 毛糸 (ハマナカ/ モヘアカラフル/201)

❖ 直し方 ❖

1. 布の裏面から糸を出し、ⓐⓑでランニングと四
角のダーニング (1)、ランニングS (1) をお好み
で刺す。

how to stitch

ランニングと四角のダーニング	P.115
ランニングS	P.122

お直し方法 // **ダーニング・アップリケ**
design // ミムラトモミ

お直しmemo

フットカバーのかかとにラムレザーで当て布をしました。やわらかいレザーのため、針も通しやすく、かかとにもフィットしやすいのが特徴です。

❖ 材料 ❖

- ⓐ 毛糸（MOCOemiko/ プラチナソック）
- ⓑ 毛糸（MOCOemiko/ シングルソック）
- ⓒ 毛糸（マデリントッシュ /CANDLEWICK）
- ⓓ 毛糸（マデリントッシュ /JADE）
- ⓔ レース糸（ダルマ /#80/ やまぶき）
- ⓕ 当て布（ラムレザー）

❖ 直し方 ❖

1. 布の裏面から糸を出し、ⓐ〜ⓓで四角いダーニング (1)、ランニングと四角のダーニング (1) をお好みで刺す。

2. かかとにⓕをあて、ⓔでブランケットSをする。

— *how to stitch* —

四角いダーニング	P.110
ランニングと四角のダーニング	P.115
ブランケットS	P.123

お直し方法 // **ダーニング**
design // ミムラトモミ

お直しmemo

ダメージが出やすいスニーカーソックスのかかとと爪先に、しっかりダーニングをして強度を持たせました。目をギュッと細かくすると強度が増します。

❖ 材料 ❖

- ⓐ 毛糸（MOCOemiko/ シングルソック）
- ⓑ 毛糸（マデリントッシュ /CANDLEWICK）
- ⓒ 毛糸（マデリントッシュ /JADE）

❖ 直し方 ❖

1. 布の裏面から糸を出し、ⓐ〜ⓒで四角いダーニング (1) をお好みで刺す。

— *how to stitch* —

四角いダーニング	P.110

※Sはステッチの略、（ ）内の数字は糸の本数です。

onaoshi no.41

お直し方法 // **ダーニング**

design // ミムラトモミ

お直しmemo

カシミヤ生地の手袋に、虫食いの穴がちらほらあいていました。やわらかい素材は仮どめをしながらスプーンなどを使って、丁寧にダーニングをします。

❖ 材料 ❖

ⓐ 毛糸 (MOCOemiko/ シングルソック)
ⓑ 毛糸 (マデリントッシュ /JADE)

❖ 直し方 ❖

1. 適当な糸で放射線状に仮どめ (P.113) をした後、布の裏面から糸を出し、ⓐⓑで四角いダーニング (1/ フチなし) をする。

2. 全体のバランスを取るために、ランダムにメリヤス縫い (1) をする。

> *how to stitch*
>
> 四角いダーニング ……… P.110
> メリヤス縫い ……………… P.118

onaoshi no.42

お直し方法 // **刺繍**

design // 鯉渕直子

お直しmemo

before

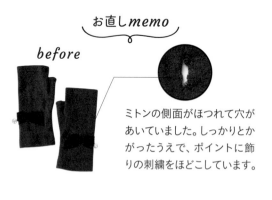

ミトンの側面がほつれて穴があいていました。しっかりとかがったうえで、ポイントに飾りの刺繍をほどこしています。

❖ 材料 ❖

ⓐ 手縫い糸 (ネイビー)
ⓑ 刺繍糸 (DMC25番 /311)
ⓒ 刺繍糸 (DMC25番 /3837)

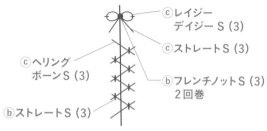

ⓒレイジーデイジー S (3)
ⓒストレート S (3)
ⓑフレンチノット S (3) 2回巻
ⓒヘリングボーン S (3)
ⓑストレート S (3)

❖ 直し方 ❖

1. ⓐでまつり縫いをして、穴があいた部分をふさぐ。

2. 図案のように、ミトンの縫い目をまたいで刺繍をほどこす。

> *how to stitch*
>
> ストレート S ……… P.122　　レイジーデイジー S ‥ P.124
> フレンチノット S ‥ P.123　　ヘリングボーン S ……… P.125

お直し方法 // **ダーニング・刺繍**
design // いわせあさこ

お直し*memo*

before

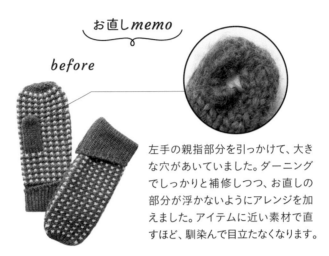

左手の親指部分を引っかけて、大き
な穴があいていました。ダーニング
でしっかりと補修しつつ、お直しの
部分が浮かないようにアレンジを加
えました。アイテムに近い素材で直
すほど、馴染んで目立たなくなります。

❖ 材料 ❖

ⓐ ウール刺繍糸（DMC/ECRU）
ⓑ ウール刺繍糸（DMC/7626）
ⓒ スフレモール（AVRIL/ シルバーグレー）

タテ糸はⓐ
ヨコ糸はⓑ

ⓐⓑ四角いダーニング（1）

ⓒアウトラインS（1）

❖ 直し方 ❖

1. ⓐⓑで四角いダーニングをする。

2. ⓒでざっくりとしたアウトラインSをする。

ふわふわしたファー
のような糸で、強度
はありませんが、毛
羽立ちを目立たなく
することができます。

ⓒアウトラインS（1）

how to stitch

四角いダーニング	P.110
アウトラインS	P.122

※Sはステッチの略、（ ）内の数字は糸の本数です。図案は実寸ではありません。

お直し方法 // **ダーニング・アップリケ**
design // ミムラトモミ

お直しmemo

before

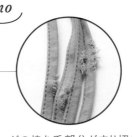

バッグの持ち手部分がすり切れて
ボロボロに。それぞれ2本だった持
ち手（計4本）を、縫いあわせて2本
にしたうえで、ダーニングでしっか
りとお直しをしました。持ち手の部
分だけでは寂しかったので、バッグ
の表面にもアレンジを加えています。

✤材料✤

ⓐ 毛糸 (MOCOemiko/ プラチナソック)
ⓑ 毛糸 (マデリントッシュ /TEXAS TULIPS)
ⓒ 布 (リネン)

✤直し方✤

1. 2本の持ち手を1本になるよう並
べて仮どめをした後、ⓐⓑでラン
ニングと四角のダーニング (1) を
する。

2. ⓒの布を仮どめした後、ⓐⓑで
ランニングSをする。

ⓐⓑランニングと四角のダーニング (1)

ⓐⓑランニングS (1)

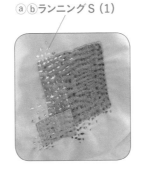

1

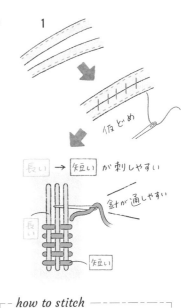

仮どめ

長い → 短い が 刺しやすい

針が通しやすい

長い

短い

長い

短い

how to stitch

ランニングと四角のダーニング …… P.115
ランニングS ……………………… P.122

※Sはステッチの略、（ ）内の数字は糸の本数です。

onaoshi

no. 45

お直し方法 // ダーニング・刺繍・リボン刺繍・アップリケ

design // いわせあさこ

お直し*memo*

before

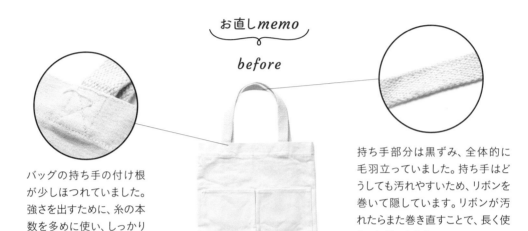

バッグの持ち手の付け根が少しほつれていました。強さを出すために、糸の本数を多めに使い、しっかりと縫いあわせています。

持ち手部分は黒ずみ、全体的に毛羽立っていました。持ち手はどうしても汚れやすいため、リボンを巻いて隠しています。リボンが汚れたらまた巻き直すことで、長く使うことができます。

[持ち手]

❖ 材料 ❖

ⓐ リボン（MOKUBA/No.1513/48）
ⓑ ラメ刺繍糸（DMC25番/E168）
ⓒ 刺繍糸（DMC25番/754）

❖ 直し方 ❖

1. 持ち手を半分に折る。ⓐⓑ（6本）をあわせて持ち、ブランケットSの要領で持ち手に巻いていく。巻き始めは20cm程度残しておく。

2. 巻き終わったら、ⓑを持ち手に一周巻きつけて固結びした後、ⓐⓑで片なわ結びをする。巻き始めも同様にする。

3. 根元部分には、ⓒで十字にバックS（6）をする。

[表面]

❖ 材料 ❖

ⓐ 刺繍糸（DMC25番/415）
ⓑ 刺繍糸（DMC25番/754）
ⓒ 刺繍糸（DMC25番/3023）
ⓓ 刺繍糸（DMC25番/3042）
ⓔ 刺繍糸（DMC25番/3047）
ⓕ 刺繍糸（DMC25番/3840）
ⓖ 刺繍糸（DMC25番/3842）

❖ 直し方 ❖

1. 布の表面から針を刺し、ⓐ〜ⓖで四角いダーニング（3）をする。糸端は残したままにしておく。

2. 糸端は、隣の糸同士を結ぶ。余った糸ははさみでカットする。

［表面］

❖ 材料 ❖

- ⓐ 刺繍糸（DMC25番/3047）
- ⓑ 刺繍糸（DMC25番/B5200）
- ⓒ リボン（MOKUBA/No.1545/2）
- ⓓ リボン（MOKUBA/No.1545/8）
- ⓔ リボン（MOKUBA/No.1547 4mm/31）
- ⓕ リボン（MOKUBA/No.1540 3.5mm/214）
- ⓖ 当て布（白い布）
- ⓗ 手縫い糸（布と同じ色）

❖ 直し方 ❖

1. ⓖ布を丸くカットし、ⓗ手縫い糸でアイテムに縫いつける。

2. 1の上にⓐでゆったりとしたダーニング（3）をする。

3. 写真のようにⓑで刺繍、ⓒ〜ⓕでリボン刺繍をする。

ⓑフレンチノットS（3）2回巻　　ⓔストレートS応用　　ⓐダーニング

ⓒⓓの花は、フレンチノットSを4個刺し、その上にストレートSを重ねます。そうすることで、立体感のある花になります。

ⓓフレンチノットS1回巻＋ストレートS

ⓒフレンチノットS1回巻＋ストレートS

ⓕフレンチノットS1回巻

［表面］

❖ 材料 ❖

- ⓐ 刺繍糸（DMC25番/3023）
- ⓑ 刺繍糸（DMC25番/3047）
- ⓒ リボン（MOKUBA/No.1513/40）
- ⓓ 当て布（白）
- ⓔ 手縫い糸（布と同じ色）

❖ 直し方 ❖

1. ⓓの中心に円を下書きしておく。正方形になるよう整え（端がほつれてくる素材であれば中に折りこんで縫いつける）、さらに角も折り、ⓔでアイテムにまつり縫いで縫いつける。

2. 写真のようにⓐで刺繍、ⓑⓒでリボン刺繍をする。

ⓑブランケットS（3）　　ⓒストレートS

ⓐフレンチノットS（3）2回巻

ⓐアウトラインS（3）　　ⓐレイジーデイジーS（3）

how to stitch

四角いダーニング	P.110	フレンチノットS	P.123
まつり縫い	P.121	ブランケットS	P.123
アウトラインS	P.122	レイジーデイジーS	P.124
バックS	P.122	リボン刺繍	P.126
ストレートS	P.122		

※Sはステッチの略、（　）内の数字は糸の本数です。

お直し方法 // **アップリケ・刺繍**
design // いわせあさこ

お直し*memo*

犬が噛んで穴をあけてしまったクッションカバーに、フェルトでアップリケをほどこしました。フェルトは始末が不要で簡単なので、アップリケに使うのにぴったりです。アップリケをキャンバスに自由にお花を刺繍してください。

❖ 材料 ❖

ⓐ 刺繍糸（DMC25番/415）
ⓑ 刺繍糸（DMC25番/3011）
ⓒ 刺繍糸（DMC25番/3021）
ⓓ 刺繍糸（DMC25番/3042）
ⓔ 当て布（フェルト）

❖ 直し方 ❖

1. ⓔに図案を写し、花の形にカットする。

2. 大きな花の中心にⓓでストレートS をする。続けて、中央にⓒでフレンチノットS をする。

3. 2をクッションにまち針でとめ、ⓐでアウトラインS をしながら縫いつけていく。

4. クッションにⓑで刺繍をする。

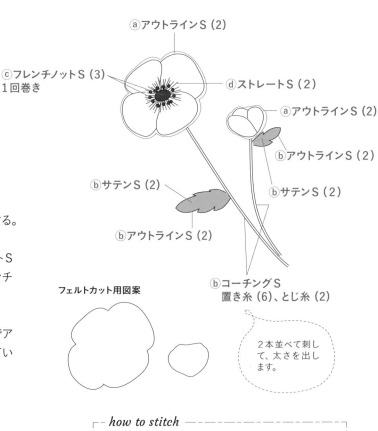

ⓐアウトラインS（2）
ⓒフレンチノットS（3）1回巻き
ⓓストレートS（2）
ⓐアウトラインS（2）
ⓑアウトラインS（2）
ⓑサテンS（2）
ⓑサテンS（2）
ⓑアウトラインS（2）
ⓑコーチングS 置き糸（6）、とじ糸（2）

フェルトカット用図案

2本並べて刺して、太さを出します。

how to stitch

アウトラインS	P.122	フレンチノットS	P.123
ストレートS	P.122	コーチングS	P.125
サテンS	P.122		

❖材料❖

ⓐ 刺繍糸（DMC25番/415）
ⓑ 刺繍糸（DMC25番/3022）
ⓒ 刺繍糸（DMC25番/3024）
ⓓ 刺繍糸（DMC25番/3046）
ⓔ 刺繍糸（DMC25番/3064）
ⓕ 刺繍糸（DMC25番/3072）
ⓖ 当て布（フェルト）

❖直し方❖

1. ⓖを直径9cmほどの円形にカットする。

2. 図案を参考に、刺繍をする。

3. 2をクッションにまち針でとめ、ⓐでブランケットS（3）をしながら縫いつけていく。

[立体たんぽぽの作り方]

1	ⓓ×6本取りを、6cmの厚紙に10回巻きつける。
2	厚紙から糸を外し、中央をⓑ×2本取りでフェルトに縫いつける。
3	ⓓを折り上げ、根元をしっかりとフェルトに縫いつける。
4	輪の部分をはさみでカットし、先端を整える。

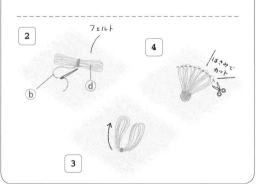

ⓕ サテンS（2）

ⓕ フレンチノットS（2）1回巻

ⓑ コーチングS（置き糸（6）、とじ糸（2））

ⓑ アウトラインS（2）

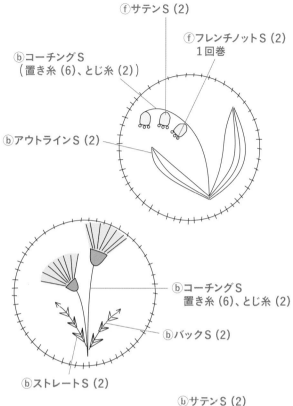

ⓑ コーチングS 置き糸（6）、とじ糸（2）

ⓑ バックS（2）

ⓑ ストレートS（2）

ⓑ サテンS（2）

ⓒ レイジーデイジーS（2）

ⓔ フレンチノット（2）1回巻

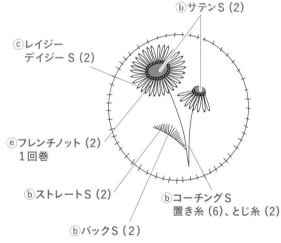

ⓑ ストレートS（2）

ⓑ コーチングS 置き糸（6）、とじ糸（2）

ⓑ バックS（2）

how to stitch

アウトラインS	P.122	フレンチノットS	P.123
バックS	P.122	ブランケットS	P.123
ストレートS	P.122	レイジーデイジーS	P.124
サテンS	P.122	コーチングS	P.125

※Sはステッチの略、（　）内の数字は糸の本数です。図案は実寸ではありません。ご自身の刺繍したいものにあわせて、拡大・縮小してお使いください。

お直し方法 // **刺繍**
design // 鯉渕直子

お直し*memo*

before

漂白剤が飛んで、部分的に白く色が抜けてしまいました。刺繍で隠してしまうこともできますが、あえて「白」をいかし、雨の中をカタツムリがお散歩している様子を描きました。

❖ 材料 ❖

ⓐ 刺繍糸（DMC25番/310）

❖ 直し方 ❖

1. お直ししたい部分にあわせて図案を写し、刺繍をほどこす。

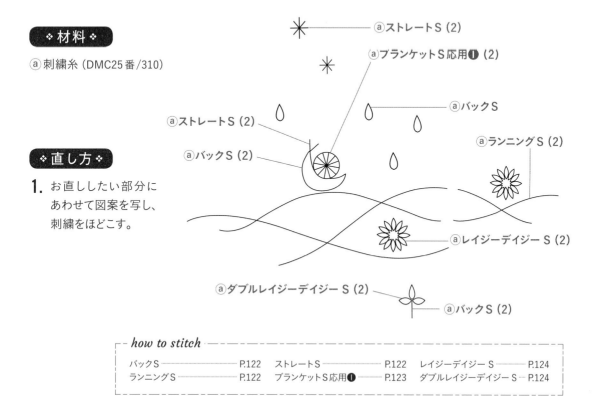

- ⓐ ストレート S（2）
- ⓐ ブランケット S 応用❶（2）
- ⓐ バック S
- ⓐ ストレート S（2）
- ⓐ ランニング S（2）
- ⓐ バック S（2）
- ⓐ レイジーデイジー S（2）
- ⓐ ダブルレイジーデイジー S（2）
- ⓐ バック S（2）

how to stitch

バック S	P.122	ストレート S	P.122	レイジーデイジー S	P.124
ランニング S	P.122	ブランケット S 応用❶	P.123	ダブルレイジーデイジー S	P.124

※Sはステッチの略、（　）内の数字は糸の本数です。図案は実寸ではありません。ご自身の刺繍したいものにあわせて、拡大・縮小してお使いください。

お直し方法 // **刺繍・ダーニング**
design // 鯉渕直子

お直し*memo*

少し色あせて、くたびれてきたランチクロスに刺繍をほどこしました。よく結ぶ
角が一番くたびれていたため、ブランケットSの応用で強度を持たせています。

❖ 材料 ❖

[カニ]

ⓐ 刺繍糸（DMC25番/310）
ⓑ 刺繍糸（DMC25番/349）
ⓒ 刺繍糸（DMC25番/726）
ⓓ 刺繍糸（DMC25番/797）
ⓔ 刺繍糸（DMC25番/798）
ⓕ 刺繍糸（DMC25番/938）
ⓖ 刺繍糸（DMC25番/3766）
ⓗ 刺繍糸（DMC25番/BLANC）

[ネズミ]

ⓘ 刺繍糸（DMC25番/151）
ⓙ 刺繍糸（DMC25番/350）
ⓚ 刺繍糸（DMC25番/453）
ⓛ 刺繍糸（DMC25番/745）
ⓜ 刺繍糸（DMC25番/726）
ⓝ 刺繍糸（DMC25番/827）
ⓞ 刺繍糸（DMC25番/938）
ⓟ 刺繍糸（DMC25番/3823）

❖ 直し方 ❖

1. お直ししたい部分にあわせ
て図案を写し、刺繍をほど
こす。対角線上の2つの角に、
ⓓ（3）またはⓛ（3）でブラ
ンケットS応用❷をする。

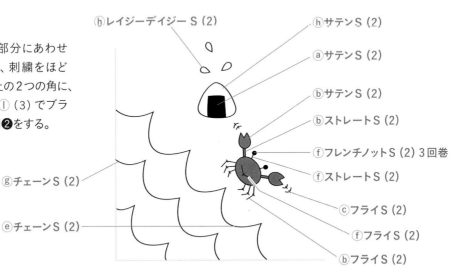

ⓗレイジーデイジーS（2）
ⓗサテンS（2）
ⓐサテンS（2）
ⓑサテンS（2）
ⓑストレートS（2）
ⓕフレンチノットS（2）3回巻
ⓕストレートS（2）
ⓖチェーンS（2）
ⓒフライS（2）
ⓔチェーンS（2）
ⓕフライS（2）
ⓑフライS（2）

how to stitch

ストレートS	P.122	ブランケットS応用❷	P.123
サテンS	P.122	フライS	P.124
チェーンS	P.123	レイジーデイジーS	P.124
フレンチノットS	P.123		

※もうひとつの図案はP.105に掲載しています。

※Sはステッチの略、（　）内の数字は糸の本数です。図案は実寸ではありません。ご自身の刺繍したいものにあわせて、拡大・縮小してお使いください。

お直し方法 // **ダーニング**
design // いわせあさこ

お直し*memo*

シミが気になっていたコースターにダーニングをほどこしました。ダーニング部分が立体的になると、グラスを置くとき不安定になるため、平になるように気をつけながら刺しましょう。

✣材料✣

ⓐ刺繍糸 (DMC25番/762)

✣直し方✣

1. ⓐで円を描くようにランニングSをする（これが下書きに）。続けて、ⓐで丸いダーニング (6) をする。

---

how to stitch

丸いダーニング ──── P.116

---

no.48 [図案]

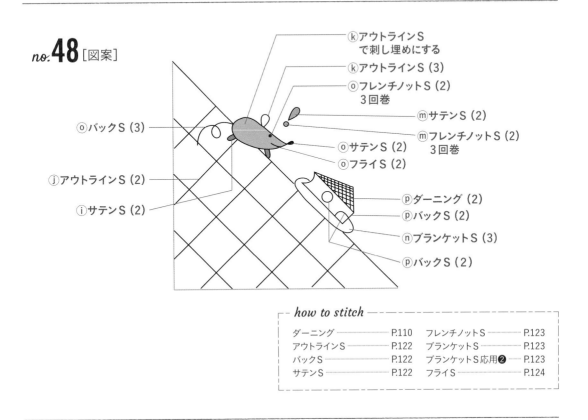

ⓚアウトラインS
で刺し埋めにする

ⓚアウトラインS (3)

ⓞフレンチノットS (2)
3回巻

ⓜサテンS (2)

ⓜフレンチノットS (2)
3回巻

ⓞバックS (3)

ⓞサテンS (2)

ⓞフライS (2)

ⓙアウトラインS (2)

ⓘサテンS (2)

ⓟダーニング (2)

ⓟバックS (2)

ⓝブランケットS (3)

ⓟバックS (2)

---

how to stitch

ダーニング	P.110	フレンチノットS	P.123
アウトラインS	P.122	ブランケットS	P.123
バックS	P.122	ブランケットS応用❷	P.123
サテンS	P.122	フライS	P.124

※Sはステッチの略、（　）内の数字は糸の本数です。図案は実寸ではありません。ご自身の刺繍したいものにあわせて、拡大・縮小してお使いください。

お直し方法 // **刺繍**
design // いわせあさこ

お直し*memo*

うっすらと大きなシミができていたランチョンマットの上に、鮮やかな色で刺繍をほどこしました。ポイントとなる色で刺すことで、視線が刺繍にいくためシミが気にならなくなります。

❖ 材料 ❖

ⓐ 刺繍糸（DMC25番／3052）
ⓑ 刺繍糸（DMC25番／3328）

❖ 直し方 ❖

1. お直ししたい部分にあわせて直線を描き、刺繍をほどこす。

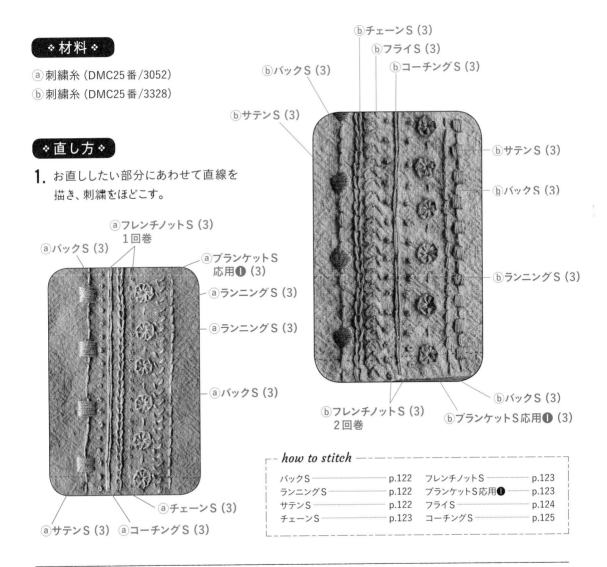

ⓑチェーンS（3）
ⓑフライS（3）
ⓑコーチングS（3）
ⓑバックS（3）
ⓑサテンS（3）
ⓑサテンS（3）
ⓑバックS（3）
ⓑランニングS（3）
ⓑバックS（3）
ⓑフレンチノットS（3）2回巻
ⓑブランケットS応用❶（3）

ⓐフレンチノットS（3）1回巻
ⓐバックS（3）
ⓐブランケットS応用❶（3）
ⓐランニングS（3）
ⓐランニングS（3）
ⓐバックS（3）
ⓐチェーンS（3）
ⓐサテンS（3）
ⓐコーチングS（3）

how to stitch

バックS	p.122	フレンチノットS	p.123
ランニングS	p.122	ブランケットS応用❶	p.123
サテンS	p.122	フライS	p.124
チェーンS	p.123	コーチングS	p.125

※Sはステッチの略、（　）内の数字は糸の本数です

お直しの道具

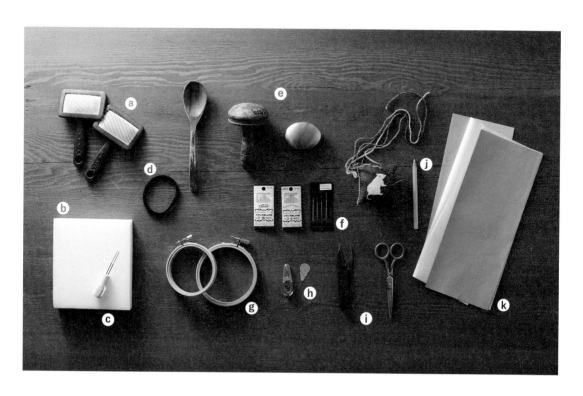

ⓐ ペット用
グルーミングブラシ

羊毛を整えるのに使用。専用の道具（ハンドカーダー）でなくても、100円ショップで購入可能なグルーミングブラシで代用できます。

ⓑ スポンジ

羊毛を刺すときに敷いて使います。専用のフェルティングマットでなくても、メラミンスポンジで代用できます。

ⓒ ニードル

1本タイプや、複数本の針がセットされたフェルトパンチャーがあります。スピーディに仕上がるので複数タイプがおすすめ。

ⓓ ヘアゴム

ダーニングマッシュルームなどにあてた生地が、よれたりずれたりしないように固定します。

ⓔ ダーニング
マッシュルーム

伝統的に使われているキノコ型のかけはぎ用具のほか、木製のスプーン、ステンレスソープも便利です。

ⓕ 針

フランス刺繍針は3番から10番まであり、数字が大きくなるほどに細く短くなります。

ⓖ 刺繍枠

布を張るための道具。生地がよれたりずれたりしないように固定します。小さな刺繍の場合は小さいサイズがおすすめ。

ⓗ 糸通し

複数本の刺繍糸を通すときにあると便利です。

ⓘ はさみ

糸切りばさみ、裁ちばさみを用意しておきましょう。

ⓙ チャコペン

ダーニングの目印をつけるときに便利です。

ⓚ チェコペーパー＆
トレーシングペーパー

刺繍の図案をしっかりと写したいときに使用します。

お直しの材料

ⓐレース糸

レース編みに使用する糸。繊細で立体的な仕上がりになります。

ⓑスフレモール

AVRIL社の糸。羽毛のようなやわらかいタッチで、モールヤーンと呼ばれる飾り撚糸の一種です。

ⓒNUNO DECO SERIES

KAWAGUCHI社の、布でできたテープ。好きな形にカットし、アイロンで接着することができます。

ⓓリボン

手芸店で購入可能なリボンのほか、リボン刺繍専用のMOKUBA社のリボンを使用しています。

ⓔダーニング糸

クロバー社の糸。ダーニングに適したウール調の糸を、3〜5色セットに巻いています。

ⓕウール刺繍糸

ウール100％の糸。太さがあるため、大きな面を埋めやすくぷっくりとした仕上がりに。

ⓖ刺繍糸25番

DMC社、コスモ社の刺繍糸。本書では一般的な25番をもっとも多く使っています。細い糸が6本よりあわさっているので、必要な本数を取って使います。

ⓗ羊毛フェルト

ニードルフェルトに使用する羊毛。綿状のものを購入したり、毛糸で作ったりすることも可能です。

ⓘ毛糸

ダーニングに使用する毛糸は、すべて60cmほどにカットして準備します。

ⓙそのほかの刺繍糸

ふっくらとした質感の刺繍糸や、シルクのような光沢のある刺繍糸など、少し特殊な刺繍糸。

ⓚビーズ

手芸用のビーズを、お直しのポイントに使用します。

ⓛ布

アップリケ用の布。フェルトや麻などお好みで。

基本のダーニング

❖ 四角いダーニング ❖

定番の四角いダーニング。穴をふさいだり、シミを隠したりするのに使います。
ダーニングのしくみを知るために、まずは押さえておきましょう。

準備をする
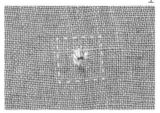
1

穴に対して、どのくらいの大きさの
ダーニングをしたいか、チャコペンで
下書きをする。

2

刺繍枠にセットした後、生地がピン
と張りすぎないように少したるませ、
ゆとりを持たせる。

タテ糸を渡す

3

生地の裏面から針を出す。糸は引き
すぎずに、15cmほど残しておくとよい。

4

針を裏に返してタテ糸を1本垂直に
渡す。

5

同様にしてタテ糸を渡していく。下書
きの線の上をきっちり取っていくの
ではなく、少し上下にずらして刺して
いくと、生地に負担がかからずよい。

6

半分ほどタテ糸を渡したところ。

7

タテ糸をすべて渡したら、糸は裏面
に置いておく。

8

back

裏面。

ヨコ糸を渡す
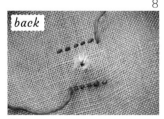
9

生地の裏面から針を出す。糸は引き
すぎずに、15cmほど残しておくとよい。

ヨーロッパで伝統的に行われてきた、タテ糸とヨコ糸をかけていくかけはぎをアレンジした、
ダーニングの方法を紹介します。ダーニングに正解はありませんので、楽な気持ちで刺してみてください。

間隔を開けて針
をさせば、ゆっ
たりとした格子
柄のダーニング
になります。

───── 糸を選ぶときのpoint ─────

アイテムの生地と同じ太さの糸を選ぶと、お直しした場所が馴
染んで目立ちにくくなります。ヨリのある糸→太さがあり丈夫な
ので、デニムや靴下など強度が欲しいときに使用します。ヨリの
ない糸→ニットなどのふんわりとした素材と相性がいいです。

10

針でタテ糸を下→上→下と交互にす
くっていく。

11

糸を引き、糸が水平になるように気
をつけながら、針を裏へ返す。

12
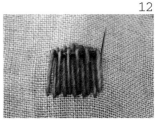

刺繍枠を180度回転させ、生地の
裏面から針を出す。

13

1本目とは互い違いになるように、上
→下→上と交互にすくっていき、針
を返す。

14

時折、ヨコ糸が真っ直ぐになるように、
針を使って整えながら進めていく。

15

ヨコ糸をすべて通し終えたところ。最
後は針を裏へ返す。

糸端を処理する

16
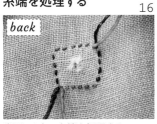

裏面。4本の糸端を処理する。

17
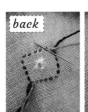

糸端を裏面に渡っている糸に数回か
らめ、余分はカットする。

18
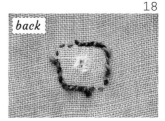

残りも同様にして処理する。

フチの有無はお好みでOK。フチをつけると、形がよりハッキリします。

フチを縫う

19

20

フチの糸を裏面に渡っている糸に数回からめ、事前に糸端の処理をしておくとよい。

生地の裏面から針を出す。

タテ糸を渡す

21

外周にあたる糸に対して、互い違いになるように交互にすくっていく。ここでは、下→上→下となる。

22

23

整える

24

針を裏に返さず、続けて外周の糸を交互にすくっていく。

一周したら最後は針を裏へ返し、16〜18同様に糸端を処理する。

糸がきれいに並ぶように整える。

25

26

27

完成。

糸の種類によっては毛足が毛羽立つので、表面の毛足をカットする。

25に比べて、色がハッキリとした印象になる。

穴が大きな場合

針を端から進めていくと、穴が引っ張られてしまい仕上がりの形がきれいな四角にならない可能性があります。穴が大きな場合におすすめの2つの方法を紹介します。

中央からスタート

1

穴の中央下に、生地の裏面から針を出す。

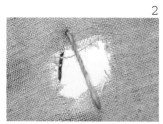
2

針を裏に返して、タテ糸を1本垂直に渡す。

3

そのまま右方向に進めて、タテ糸を渡していく。写真は半分タテ糸を通したところ。

4

穴の中央上に、生地の裏面から針を出す。同様に今度は左方向に向かって進めて、タテ糸を渡していく。

5

タテ糸をすべて渡したところ。

この後は、通常通りにヨコ糸を端から通していきます。ヨコ糸も同様に中央から刺しても問題ありません。

仮どめをする

1

適当な糸で穴をランダムに縫う。

2

端からタテ糸を渡していく。ヨコ糸を通し終えたら仮どめの糸はカットして抜く。

穴をざっくりととめることで、ダーニングの最中に穴がよれたり動いたりするのを防ぐことができます。

こんなときは？

かけはぎ道具を使う場合

服の袖や靴下など、刺繍枠をセットできないアイテムをお直しするときは、ダーニングマッシュルームやステンレスソープなどを使用します。
※ここではわかりやすいように、一枚布を使用しています。

1

お直ししたい場所の下に道具をセットする。

2

ヘアゴムで固定する。

3

刺繍枠のときと同様に、生地がピンと張りすぎないように少したるませ、ゆとりを持たせる。

4

少し離れたところに生地の表面から針を入れ、続けてダーニングの一針目をすくう。糸は引きすぎずに、15cmほど残しておくとよい。

5

タテ糸をすべて渡したら、最後は少し離れたところに糸を出して終える。

6

ヨコ糸も同様に、少し離れたところから針を入れてスタートする。

7

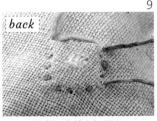

ヨコ糸をすべて渡したら、タテ糸と同様に少し離れたところに糸を出して終える。

8

道具を外してアイテムを裏返し、すべての糸端を裏面に引く。

9

P.111と同様に糸端を処理する。

❖ ランニングと四角のダーニング ❖

四角いダーニングの周りを、ランニングSがドットのように囲みます。
ランニングSが入ることでお直しの強度もより上がります。

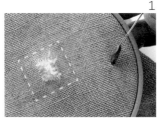
1

P.110を参考に準備をする。ランニングSのスタートとなる場所に、生地の裏面から針を出す。糸は引きすぎずに、15cmほど残しておくとよい。

2

四角いダーニングの印までランニングS（P.122）をする。

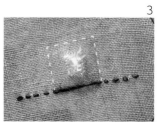
3

続けて、針を裏に返して糸を1本水平に渡す。続けてランニングSをする。

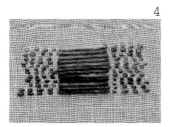
4

同様にしてすべての糸を渡す。

> ランニングSの位置はあえてちぐはぐにすると、かわいく仕上がります。

5

刺繍枠を90度回転させる。先ほどと同様に、ランニングSのスタートとなる場所に、生地の裏面から針を出す。

6

印までランニングSをしたら、針でタテ糸を下→上→下と交互にすくっていく。糸が水平になるように気をつけながら、針を裏へ返す。

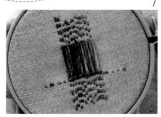
7

続けてランニングSを刺して、針を裏へ返す。

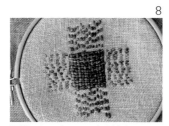
8

同様にしてすべての糸を渡す。

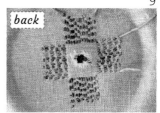
9

back

P.111と同様に糸端を処理する。

※Sはステッチの略です。

❖ 丸いダーニング ❖

ダーニングを円形に仕上げます。
しくみは四角いダーニングと同じですが、刺す順番が少し異なります。

1

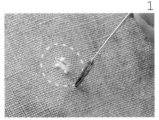

P.110を参考に準備をする。円の中央下に、生地の裏面から針を出す。糸は引きすぎずに、15cmほど残しておくとよい。

2

針を裏に返してタテ糸を1本垂直に渡す。

3

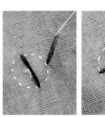

続いて、タテ糸に対して十字になるようにヨコ糸を刺す。

4

続いて、2本目のタテ糸を刺す。このとき、1本目の糸とは互い違いになるように渡す。

5

続いて、3本目のタテ糸を刺す。このとき、1本目の糸とは互い違いになるように渡す。

6

続いて、2本目と3本目のヨコ糸を刺していく。

7

これをくり返し、円形に仕上げていく。P.111と同様に端を処理する。

8

フチをつけるときはP.112を参考に、外周にあたる糸に対して、互い違いになるように交互にすくっていく。

9

P.111と同様に糸端を処理する。

❖ モザイクダーニング ❖

四角いダーニングを応用し、
ステンドグラスのガラスモザイクのように面を埋めていきます。

1

図案を写す。

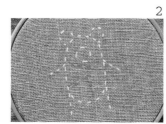

2

図案を書いたのとは違うペンで、ブ
ロックわけをする。

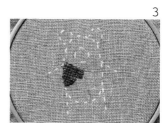

3

1ブロックを刺し終えたところ。続け
て、残りのブロックも刺す。

> ここでは体を4個に
> わけています。ブロッ
> クの数が多ければ
> 多いほど、細かいモ
> ザイクになります。

> 目は白い糸で
> 丸いダーニング。

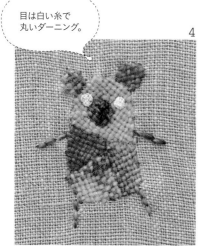

4

すべてのブロックを刺したところ。続けて、
手、足、口 (Y) をバックS (P.122) で刺す。

5

最後に目を玉どめで入れる。

※Sはステッチの略です。

❖ メリヤス縫い ❖

メリヤス編みのニットアイテムに使用できるダーニングです。
薄くなってしまった糸を補強することができます。

裏面から針を出す。

くさりの上の糸を2目すくう。

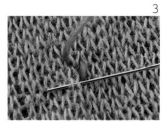
続いて、1のくさりの下の2目をすくう。

編み目にそって、
糸を編みます。

メリヤス編みにそって1目縫い終え
たところ。

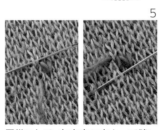
同様にして、左方向に向かって縫い
進めていく。

1列縫い終えたところ。

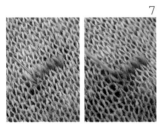
上に立ち上がるときは、最後の目の
中に針を刺し、続けてくさりの上の糸
を2目すくう。

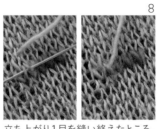
立ち上がり1目を縫い終えたところ。
2段目は右に向かって進む。

最後は裏へ針を返し、裏面に渡って
いる糸に数回からめ、余分はカット
する。刺し始めの糸も同様に裏面で
処理する。

❖ ニードルフェルト ❖

一般的な羊毛フェルトと同じ手法です。
毛糸から羊毛を作るところから紹介します。

1

お好みの毛糸を短くカットし、2本の
グルーミングブラシで糸を解いてす
く。

2

2色の羊毛を一緒にすいて、混色す
る。

3

スポンジの上にアイテムをセットする。

> スポンジに羊毛がくっつ
> いてしまうため、ときどき
> アイテムとスポンジを離
> しながら進めてください。

4

今回は円形に仕上げるため、羊毛を
丸く整える。

5

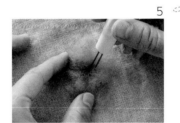

ニードルで垂直に刺す。サクサクとラ
ンダムに刺していく。円形になるよう
に、気をつけながら刺すとよい。

6

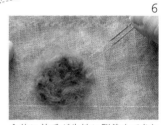

全体に羊毛が生地に馴染んできた
ら、輪郭部分を重点的に刺して形を
整えていく。

> 中央ばかり刺して
> いくと、羊毛が中央
> に集まり、輪郭部
> 分が薄くなります。

7

お好みの色味になるように、ときどき
指で調整する。

8

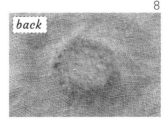

back

裏面

> 洗濯するようなアイテ
> ムだと、ニードルだけ
> では不安なので、必ず
> 糸で固定してください。

9

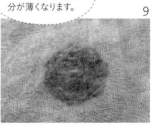

完成。この上にランダムにランニング
S（P.122）またはバックS（P.122）を
刺すとよい。

※Sはステッチの略です。

❖ リボンのダーニング ❖

リボンを使うと大きな面を一度に隠すことができます。
穴をふさぐほどの強度はありませんが、シミや汚れを隠すのに便利です。

1

P.110を参考に準備をする。生地の裏面から針を出し、糸は引きすぎずに、10cmほど残しておくとよい。

2

ストレートS（P.122）のように、針をまっすぐ裏へ返す。

3

針を裏へ返すときは、リボンがねじれないように左手を添えてゆっくりと引くとよい。

4

ゆるい円形になるように刺す。

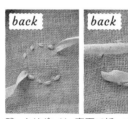

5

残ったリボンは、裏面で折っておく。

6

刺繍糸でランニングS（P.122）をする。生地の裏面から、残ったリボンの上を通って針を出す。

7

リボンに対して平行にランニングSを刺し、リボンを生地に固定する。続けてランダムにランニングSを刺す。

8

余分なリボンはカットする。

9

ランニングSを細かくたくさん刺すほど、リボンがしっかりと固定される。

※Sはステッチの略です。

基本の刺繍

基本的なステッチを紹介します。
ダーニングのように穴をふさぐことはできませんが、小さなシミや汚れを簡単に隠すことができます。

❖ 刺繍を刺す前に ❖

図版の写し方

まず、図案をトレーシングペーパーに写します。そして図案を布に写すときは
・セロファン
・トレーシングペーパー
・チャコペーパー
を右の絵のように重ねて使います。トレーサーやインクの出なくなったボールペンなどを使い、図案の線をなぞります。

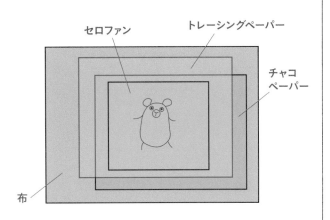

セロファン
トレーシングペーパー
チャコペーパー
布

刺し始め

図案の線より少し離れたところに針を入れます。糸端を10cm程度残して刺し始めます。刺繍を終えたら糸端を裏に出し、「刺し終わり」と同様に、裏に渡っている糸に絡ませて始末します。頻繁に洗濯をするアイテムに刺繍をするときは、裏糸に一度結んでから絡ませるようにします。

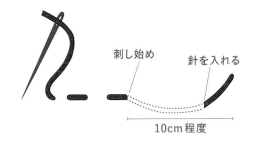

刺し始め
針を入れる
10cm程度

刺し終わり

糸端を裏に渡っている糸に絡ませ始末します。ランニングSのように抜けやすいステッチや、頻繁に洗濯をするアイテムに刺繍をするときは、裏糸に一度結んでから絡ませるようにします。

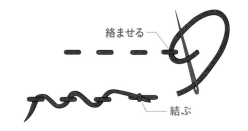

絡ませる
結ぶ

まつり縫い

ほつれた場所を縫うときに使います。

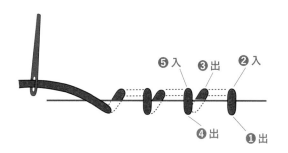

⑤入　③出　②入
④出　①出

アウトラインステッチ

もっとも基本的なステッチ。

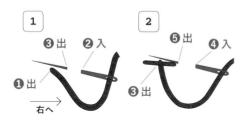

1
❸出　❷入
❶出
右へ

2
❺出　❹入
❸出

バックステッチ

同じ針目がすき間なく続きます。
手縫いでもっとも丈夫。

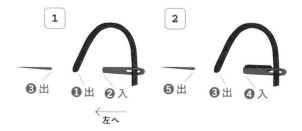

1
❸出　❶出　❷入
左へ

2
❺出　❸出　❹入

ランニングステッチ

表と裏に等間隔に進み、
点線のように仕上がります。

1
左へ
❷入　❶出

2
❹入　❸出

ストレートステッチ

真っ直ぐの線を描くステッチ。
シングルステッチとも呼ばれます。

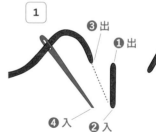

1
❸出　❶出
❹入　❷入

2〈裏面〉

最後は裏糸に一度
結んでから絡ませる。

サテンステッチ

ストレートステッチを平行に並べ、面を埋めます。

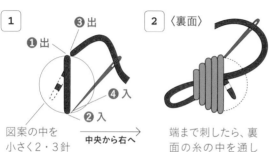

1
❸出
❶出
❹入
❷入
図案の中を
小さく2・3針
縫ってから❶に出す。
中央から右へ

2〈裏面〉
端まで刺したら、裏
面の糸の中を通し
て、針を表面に出す。

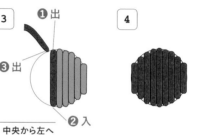

3
❶出
❸出
❷入
中央から左へ

4

チェーンステッチ

鎖のように連なるステッチ。

1

左へ

③出　②入

①出

2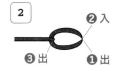

②入

③出　①出

3

⑤出　④入

③出

4

刺し終わり

フレンチノットステッチ

針に糸を巻きつけ、小さな結び目（ノット）を作ります。

1

2回巻きの場合
2回巻く。

①出

2

①で出したすぐ
隣に針を垂直
に入れる。

②入　①出

3

針を半分くらい入れたら、
真っ直ぐ下に引き抜く。裏面
で布をすくって処理する。

4

ブランケットステッチ

フチをかがるためのステッチ。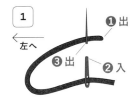

1

左へ

①出

③出　②入

2

⑤出

④入

3

ブランケットステッチ応用❶

円になるように刺します。

1

中央の
同じ穴に
入れる。

2

最後は、始めの糸に外側
から糸をくぐらせた後、中
央の針穴に入れる。

3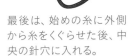

裏面で糸を
処理する。

ブランケットステッチ応用❷

3目ごとに足を同じ針穴に入れます。

 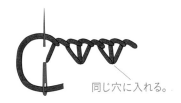

同じ穴に入れる。

フライステッチ

Y字やV字を描くステッチ。

1 ❶出 ❷入 ❸出

2 ❹入

3

❹に入れる針目の長さを変えると、Y字やV字になる。

フィールステッチ

ストレートステッチで作った土台に、糸をくぐらせてクモの巣のようになるステッチ。

1 ❼出 ❻入 ❸出 ❶出 ❷入 ❹入 ❺出 ❽入

2 ❻ ❸ ❷ ❽

❽と❷の根本の間に針を出し、❽と❷の糸を下からすくって糸を引く（布はすくわない）。

3

続けて、❷と❸、❸と❻と順番に下からすくっていく。

フィールステッチ応用

中央をあけると異なるイメージに。

1

2

3

レイジーデイジーステッチ

チェーンステッチをひとつだけ刺すステッチ。

1 ❸出 ❶出 ❷入

2 ❸出

❸出の針に糸をかける。

3 ❹入

ダブルレイジーデイジーステッチ

レイジーデイジーステッチの中に、もうひとつレイジーデイジーステッチを刺します。

1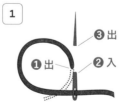

2

3

ヘリングボーンステッチ

ニシンの骨を意味するステッチ。

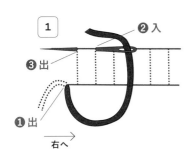

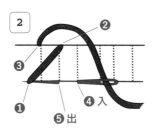

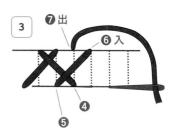

コーチングステッチ

1本の糸を図面にあわせて置き、
別糸で等間隔にとめます。

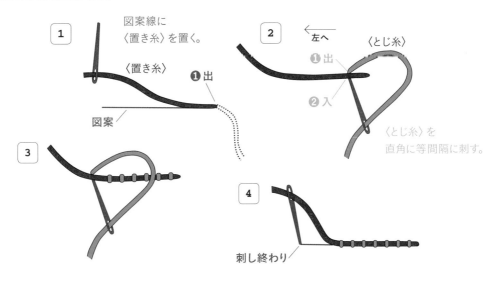

ビーズ・返し刺し

ビーズを1個ずつとめながら、
連続して刺します。

❖ リボン刺繍 ❖

糸の代わりにリボンを使って刺繍を刺します。
ステッチは基本的に刺繍と同じですが、リボンが絡まないように気をつけましょう。

ストレートS

[リボンを準備する]

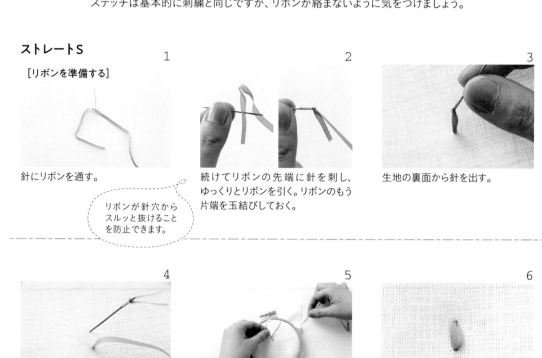

1
針にリボンを通す。

> リボンが針穴から
> スルッと抜けること
> を防止できます。

2
続けてリボンの先端に針を刺し、ゆっくりとリボンを引く。リボンのもう片端を玉結びしておく。

3
生地の裏面から針を出す。

4
針を裏面へ返す。

5
針を裏へ返すときは、リボンがねじれないように左手を添えてゆっくりと引く。

6
ストレートS (P.122) をひと針刺したところ。

7
十字になるように刺すと、お花のようになる。

8
[リボンの端を処理する]
裏面に渡っているリボンに数回刺す。

9
玉結びをして、余分なリボンはカットする。

ストレートS応用

1

生地の裏面から針を出す。

2

引き出したリボンの上に針を落とす。

3

手をそえながら、ゆっくりとリボンを引く。

やさしく
ゆっくり引きます。

4

ストレートS応用をひと針縫い終えたところ。

5

十字に刺すとお花のようになる。

巻きつける回数
で、完成の大きさ
が変わります。

フレンチノットS

1

生地の裏面から針を出す。

2

針の手前から針先に向かって、リボンを1回巻きつける。

3

リボンを引いて針にしっかりと巻きつける。

4

1で出したすぐ隣に、針を垂直に入れる。

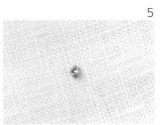

5

完成。裏面で玉結びをして、余分なリボンはカットする。

※Sはステッチの略です。

著者

いわせ あさこ

杉野服飾大学卒業。やわらかな色使いと世界観で、洋裁や刺繍、アクセサリーなど幅広く手がける。シンプルなデザインのアクセサリーブランド〈Bonnechance〉、本物のお花を使用したアクセサリーブランド〈f-lu〉を立ち上げ、国内外で人気を集める。

ミムラ トモミ

沖縄県出身。「mimster」主宰。2017年よりダーニングの美しさにみせられ、活動を開始。ダーニングを応用した独自の技法「モザイクダーニング」で作り上げるカラフルな世界は、心にあかりを、暮らしに彩りをそえる。現在、イベントやワークショップなど活動中。Instagram @mimstermade

鯉渕 直子（こいぶち なおこ）

日本アートクラフト協会（JACA）会員。同協会にて講師資格を取得。華美に装飾された刺繍ではなく、暮らしの中にとけこむ刺繍、年月を経ても一緒に暮らしていける刺繍を目指し、洋服や服飾小物に刺しやすいモチーフを製作発表している。

Staff

撮影	尾島翔太
スタイリスト	露木藍
ヘアメイク	鎌田真理子
モデル	sono (jungle)
イラスト	根岸美帆
製図	株式会社フロンテア
デザイン	東京100ミリバールスタジオ
校正	くすのき舎
編集制作	養田桃 (株式会社フロンテア)

衣装協力

BJ CLASSIC COLLECTION (Eye's Press)
03-6884-0123
東京都渋谷区神宮前4-25-3メゾン原宿302
P.8 眼鏡／P.96 眼鏡

Bluene
03-6812-9325
東京都渋谷区神宮前3-31-18 B3
P.8 チェックスカート／P.18 ブラックスカート／P.38 ブルートップス／P.87 ネイビーコート／P.96 ボーダートップス、ベージュサロペット

KAMILi
03-6416-8764
東京都渋谷区神宮前3-31-18 B3
P.5、24 ワンピース／P.4、28 チェックパンツ／P.70 ベージュトップス／P.72 イエローコート／P.78 ホワイトトップス、カーキパンツ／P.100 ホワイトシャツ

参考文献

『いちばんよくわかる 刺しゅうのきほん』
日本アートクラフト協会、西村眞理 監修 (池田書店刊)

撮影協力

AWABEES
03-5786-1600

UTUWA
03-6447-0070

＜材料提供＞
株式会社KAWAGUCHI
〒103-0022　東京都中央区日本橋室町4-3-7
03-3241-2101
https://www.kwgc.co.jp/

ちいさな お直し

著　者	いわせあさこ　鯉渕直子　ミムラトモミ
発行者	池田士文
印刷所	大日本印刷株式会社
製本所	大日本印刷株式会社
発行所	株式会社池田書店
	〒162-0851　東京都新宿区弁天町43番地
	電話03-3267-6821(代)／振替00120-9-60072

落丁・乱丁はおとりかえいたします。
© Iwase Asako, Koibuchi Naoko, Mimura Tomomi 2020, Printed in Japan
ISBN978-4-262-15296-7

23013508